W0052191

Birgit Adam

Reden, Glückwünsche und Verse zur Hochzeit

*Mit Musterreden
und Textbausteinen*

WILHELM HEYNE VERLAG

MÜNCHEN

HEYNE RATGEBER
08/5412

Umwelthinweis:
Dieses Buch wurde auf
chlor- und säurefreiem Papier gedruckt.

2. Auflage

Originalausgabe 10/2002
Copyright © 2002 by Wilhelm Heyne Verlag GmbH & Co. KG, München
http://www.heyne.de
Printed in Germany 2003
Konzeption und Realisation: Medienagentur Gerald Drews, Augsburg
Redaktion: Theresa Stöhr
Umschlagillustration: PhotoDisk, F. Schussler/PhotoLink
Umschlaggestaltung: Eisele Grafik-Design, München
Satz: Schaber Satz- und Datentechnik, Wels
Druck und Bindung: Ebner & Spiegel, Ulm

ISBN 3-453-86409-3

Inhalt

Vorwort

Eine Hochzeit steht ins Haus – an sich ein freudiges Ereignis, doch bringt es so manchen geladenen Gast in eine unangenehme Lage: Er soll eine Rede halten, doch was soll er sagen? Und was, wenn ich vor lauter Nervosität kein Wort herausbekomme oder die Zuhörer unruhig werden oder gar heimlich zu gähnen anfangen?, befürchtet er. Glückwünsche wollen ausgesprochen werden, aber oft will uns einfach nichts Passendes einfallen – ein »Herzlichen Glückwunsch!« oder »Alles Gute!« klingt abgedroschen und wir suchen nach ein paar originellen und herzlichen Worten, mit denen wir uns von der Masse der Gratulanten abheben.

Für diese Fälle steht Ihnen unser Ratgeber zur Seite. In den ersten drei Kapiteln finden Sie alles rund ums Thema Rede: Tipps zu Aufbau, Inhalt und Vortragstechniken, aber auch konkrete Musterreden, die Sie – um einige persönliche Details ergänzt – bei einer Hochzeit halten können. In den weiteren Kapiteln stehen dann die Gratulationen im Mittelpunkt. In erster Linie sind hier verschiedene Gedichte und Sprüche zu finden, mit denen Sie einem Brautpaar gute Wünsche mit auf den gemeinsamen Lebensweg geben können. Sie sind mal humorvoll, mal besinnlich, stammen von den Klassikern der Weltliteratur oder aus Kindermund. Zu guter Letzt erhalten Sie noch ein paar Anregungen, wie Sie Ihre Glückwünsche am schönsten übermitteln können. Es muss nämlich nicht immer eine Karte sein – wie wär's beispielsweise mit der Litfasssäule gegenüber der Wohnung des Brautpaares?

Eine fröhliche Hochzeitsfeier wünscht Ihnen

Birgit Adam

1. KAPITEL

So werden Sie ein guter Redner

»Eine Rede halten? Um Gottes willen! Bloß ich nicht!« – das ist der erste Gedanke vieler, wenn sie mit dieser ehrenhaften, doch nicht ganz einfachen Aufgabe betraut werden. Zu groß ist die Angst, im entscheidenden Moment hängen zu bleiben oder gar nicht erst zu wissen, was man überhaupt sagen soll. Doch mit ein bisschen Übung und Vorbereitung können auch Sie zum guten Redner werden – wie das geht, erfahren Sie in diesem Kapitel.

Vorbereitung und Gestaltung der Rede

Selbst wenn Sie zu den Menschen gehören, die aus dem Stegreif reden können und über viel Improvisationstalent verfügen, sollten Sie Ihre Hochzeitsrede zu Hause vorbereiten. Vielleicht stellt sich im entscheidenden Augenblick ja doch noch Nervosität ein und Sie vergessen im Eifer des Gefechts, die Brauteltern zu begrüßen, oder wissen plötzlich nicht mehr, worauf Sie in Ihrer Ansprache eigentlich hinauswollten. Opfern Sie deshalb lieber ein paar Stunden und bereiten Sie Ihre Hochzeitsrede gut vor, denn schließlich erwartet sich das Brautpaar einiges von Ihrer Rede – sonst hätte es Sie wohl kaum darum gebeten!

Eine Hochzeitsrede, die im privaten Rahmen vorgetragen wird, unterscheidet sich deutlich von einer Rede zu einem öffentlichen Anlass. Sie dient nicht dazu, Informationen zu vermitteln oder das Publikum von etwas zu überzeugen, sondern soll die Feier für das Brautpaar schöner machen und die Zuhörer in

Feierlaune versetzen. Deshalb darf eine solche Rede nicht zu sachlich und nüchtern ausfallen. Im Vordergrund stehen vielmehr persönliche Eindrücke, Gefühle und Empfindungen. Diesen obersten Grundsatz sollten Sie bei der Vorbereitung Ihrer Rede stets im Auge behalten.

Informationen sammeln

Wichtig ist in erster Linie, dass Sie ein passendes Thema für Ihre Rede finden. Das können zum Beispiel die Ehe im Wandel der Zeiten, die Liebesgeschichte des Brautpaares, die Bedeutung von »Liebe« und »Glück« oder auch berühmte Liebespaare der Geschichte sein. Prinzipiell gilt: Je persönlicher die Rede, desto besser!

Wenn das, worüber Sie sprechen wollen, erst einmal feststeht, können Sie sich auf die Suche nach Rede-Material begeben. Verlieren Sie dabei aber das Thema nicht aus den Augen. Viele Menschen wissen zuerst nicht, was sie sagen sollen, und versuchen dann, alles, was ihnen auch nur im Entferntesten dazu einfällt, in ihre Rede hineinzupacken. Sortieren Sie unwichtige Informationen daher gleich von Anfang an aus, noch bevor Sie sich an die Gliederung machen.

Als Bruder des Bräutigams oder beste Freundin der Braut werden Sie keine allzu großen Probleme haben, Ihre Rede persönlich zu gestalten, denn Sie wissen ja eine ganze Menge über das Brautpaar. Wie hat es sich kennen gelernt? Wann war das? Gibt es konkrete Zukunftspläne? Anekdoten? Was hat das Paar schon zusammen erlebt? Was haben Sie mit den beiden erlebt? Sind sich die Brautleute vielleicht an einem Tag begegnet, an dem etwas weltpolitisch Bedeutendes vorgefallen ist? Solche Dinge dürfen Sie gerne in Ihre Rede einbauen, denn dadurch erhält sie eine persönliche Note.

Doch auch wenn Sie Ihre Rede etwas allgemeiner halten wollen, sollten Sie im Vorfeld viele interessante Details zusammentragen. Machen Sie sich beispielsweise über traditionelle Hochzeitsbräuche kundig oder den Wandel, den Institutionen und Rituale wie Ehe oder Hochzeit im Laufe der Jahrhunderte erfahren haben, denn dies bietet wertvolle Hintergrundinformationen für Ihre Rede. Als Einstieg kann hier ein kurzes Brainstorming hilfreich sein: Nehmen Sie ein leeres Blatt Papier und notieren Sie alles, was Ihnen zu »Hochzeit« und »Ehe« einfällt. Versuchen Sie dann, diese Assoziationen in einen logischen Zusammenhang zu bringen. Wer mehr über Traditionen, Riten und historische Zusammenhänge wissen will, sollte auch einen Ausflug in die Bibliothek unternehmen.

Überladen Sie Ihre Rede nicht mit Informationen, damit sie nicht zu lang wird. Martin Luther hat die ideale Dauer einer Rede einmal mit seiner typischen Direktheit klar definiert: »Tritt frisch auf, tu's Maul auf, hör bald auf.« Eine Festrede sollte tatsächlich möglichst kurz sein, da sie die Stimmung heben und die Gäste zum Feiern anregen soll. Als Richtlinie für die Länge gelten hier etwa drei bis fünf Minuten – alles, was darüber hinausgeht, wird schnell langweilig. Sie haben also gar keine Zeit, um die kompletten Lebensgeschichten von Braut und Bräutigam aufzuführen – halten Sie sich dies vor Augen, wenn Sie Anekdoten für Ihre Rede sammeln.

Ordnen und gliedern

Wenn Sie genügend Material für Ihre Rede gesammelt haben, müssen Sie alle diese Informationen in einen sinnvollen Zusammenhang bringen. Sortieren Sie spätestens jetzt alles aus, was nicht unmittelbar mit Ihrem Thema zu tun hat, damit Ihre Ansprache eine klare Struktur bekommt. Versuchen Sie dann, die restlichen Punkte in eine sinnvolle Ordnung zu bringen.

Behalten Sie bei der Ausarbeitung Ihrer Rede immer auch Ihr Publikum im Auge. Bei einer Hochzeit sind Menschen aus allen Generationen, vom Säugling bis zur Urgroßmutter, versammelt – und alle wollen etwas von Ihrer Rede haben! Auch das Bildungsniveau der Gäste kann sehr unterschiedlich sein, achten Sie daher darauf, dass Ihre Rede allgemein verständlich ist.

Eine Rede gliedert sich in der Regel in drei Teile: Anfang, Hauptteil und Abschluss. Bei einer Hochzeitsrede besteht der Anfang aus der Begrüßung des Brautpaares und der übrigen Gäste sowie einer kurzen Einleitung zum Thema, etwa einem Zitat. Im Hauptteil wird dieses Thema dann ausführlich behandelt und im Abschluss dann noch einmal zusammengefasst. Auch gute Wünsche für die Zukunft des Brautpaares oder ein Toast beschließen sie als feste Bestandteile.

Entscheidend für den Erfolg Ihrer Ansprache ist der Anfang oder Einstieg, denn mit einem gelungenen Auftakt fesseln Sie die Aufmerksamkeit Ihrer Zuhörer. Gut eignet sich an dieser Stelle ein originelles Zitat, eine Anekdote aus dem Leben des Brautpaares oder auch die Schilderung der eigenen Gefühle anlässlich der Hochzeit. Außerdem sollte der Einstieg auf das eigentliche Thema Ihrer Rede hinführen, das Sie dann im Hauptteil ausführlicher behandeln.

Auch wenn Sie ein eher allgemeines Thema wie »Liebe«, »Glück« oder »Ehe« gewählt haben, sollten Sie nie den persönlichen Bezug zum Brautpaar vergessen. Sprechen Sie die Brautleute zwischendurch immer wieder mit Namen an oder illustrieren Sie Ihre Thesen mit Details aus deren Leben. Ihre Gefühle sollten hierbei nicht zu kurz kommen, denn schließlich ist eine Hochzeit in erster Linie eine emotionale Angelegenheit.

Zu guter Letzt braucht jede Ansprache noch einen prägnanten Schluss, damit die Zuhörer nicht rätseln müssen, ob es vielleicht noch weitergeht. Verzichten Sie auf Floskeln wie »So, das war's jetzt!« – das kann man auch eleganter ausdrücken! Meist steht ein Toast oder eine Gratulation am Ende einer Rede, doch auch ein treffendes Zitat bildet einen schönen Abschluss.

Wie Sie die drei Teile Ihrer Rede ansprechend gestalten können, erfahren Sie im Kapitel »Inhaltliche Elemente und Textbausteine«.

Formulieren

Egal, ob Sie die Rede später frei halten oder vom Blatt ablesen werden – Sie sollten Sie auf jeden Fall gründlich durchformulieren, um stets die passenden Worte zu finden.

Ein mündlich vorgetragener Text muss immer anders sein als ein Text, der zum Lesen bestimmt ist. Die Sätze – oder zumindest die Sinn stiftenden Einheiten – dürfen in einer Rede nicht zu lang sein, denn anders als ein Leser hat ein Zuhörer nicht die Möglichkeit, im Text noch einmal zurückzuspringen, wenn er etwas nicht richtig verstanden hat. Ein Satz mit etlichen ineinander verschachtelten Nebensätzen ist daher für ein Redepublikum fast nicht mehr verständlich. Am besten verpacken Sie die Inhalte so, dass sie in Hauptsätzen nebeneinander stehen und trotzdem noch einen Bezug zueinander haben. Unter Umständen müssen Sie dabei auch die Reihenfolge der Aussagen verändern. Mit Wörtern wie »deshalb« (statt einem Nebensatz mit »weil« oder »denn«) oder »trotzdem« (statt einem Nebensatz mit »obwohl«) können Sie einen Bezug zwischen zwei Sätzen herstellen. Dieses Vorgehen verdeutlichen Ihnen die folgenden Beispiele:

Der Unterschied zwischen Schriftsprache und gesprochener Sprache

Schriftsprache: Am heutigen Tage freue ich mich besonders für Petra und Klaus, denn hier haben sich zwei Menschen gefunden, die ganz offensichtlich zusammengehören.

Rede: Mit Petra und Klaus haben sich zwei Menschen gefunden, die ganz offensichtlich zusammengehören. Deshalb freue ich mich am heutigen Tage ganz besonders für das Brautpaar.

Schriftsprache: Obwohl Petra und Klaus in ihrer Beziehung mit einigen Schwierigkeiten zu kämpfen hatten, haben sie sich heute das Jawort gegeben.

Rede: Petra und Klaus hatten in ihrer Beziehung mit einigen Schwierigkeiten zu kämpfen. Trotzdem haben sie sich heute das Jawort gegeben.

Bemühen Sie sich auch, komplizierte Sachverhalte möglichst einfach auszudrücken. Selbst wenn der Bräutigam Germanist sein sollte, setzt sich die Hochzeitsgesellschaft aus Menschen verschiedenster Berufe und Schichten zusammen. Nicht jeder Zuhörer wird also langen geistigen Höhenflügen folgen können. Halten Sie sich daher lieber auch mit dem Einsatz von Fremdwörtern zurück, denn für so gut wie jedes Fremdwort lässt sich leicht ein deutsches Wort finden.

Tipp: Sprechen Sie sich jeden Satz laut vor, bevor Sie ihn zu Papier bringen. Erst wenn er in Ihren Ohren wirklich gut klingt und Sie ihn problemlos aussprechen und richtig betonen können, sollten Sie ihn auch niederschreiben.

Auch wenn eine Hochzeit eine ernsthafte und feierliche Angelegenheit ist, brauchen Sie in Ihrer Rede nicht ganz auf den Humor zu verzichten. Wenn Ihre Zuhörer im Laufe der Ansprache einmal ein wenig schmunzeln oder sogar herzhaft lachen können, werden sie sich länger an Ihren Vortrag erinnern. Achten Sie dabei aber auch darauf, dass Sie mit einer witzigen Bemerkung niemanden verletzen. Im Kapitel »Die besten Verse und Gedichte« finden Sie einige humorvolle Zitate, die Sie in Ihre Rede einbauen können.

Sprechen Sie das Brautpaar und die Gäste hin und wieder persönlich an, denn so beziehen Sie Ihr Publikum in die Rede mit ein und vermitteln menschliche Wärme. Sätze wie »Sie wissen sicher alle …« oder »Sie werden mir sicher Recht geben, wenn ich jetzt sage, dass …« stellen eine Beziehung zwischen Ihnen und Ihren Zuhörern her und lassen die Ansprache gleich viel persönlicher wirken.

Und noch etwas sollten Sie im Auge behalten: Denken Sie doch einmal an den Deutsch- oder Fremdsprachenunterricht in der Schule zurück. Damals haben Sie viel Zeit darauf verwendet, Reden und andere Texte auf Stilmittel zu untersuchen. Diese Redefiguren sind keineswegs nur professionellen Rednern oder Politikern vorbehalten, auch Sie können sich diese Stilelemente zunutze machen. Besonders gut wirken bildhafte Redefiguren, so genannte Metaphern, denn sie veranschaulichen und verdeutlichen das Gesagte.

Die wichtigsten Redefiguren

Bild: »Heute beginnt im Buch eures Lebens ein neues Kapitel« oder »Ihr seid nun in den Hafen der Ehe eingelaufen.«

Vergleich: »Ihr beide macht heute etwas, das Liz Taylor schon acht Mal geschafft hat. Ich wünsche euch, dass ihr dabei mehr Erfolg habt!«

Beispiel: Verpacken Sie das Thema Ihrer Rede in eine Geschichte. Das kann ein reales Erlebnis des Brautpaares, ein Beispiel aus Literatur, Film oder Geschichte oder eine erfundene Begebenheit sein.

Wiederholung: Zum Beispiel von einzelnen Wörtern oder Satzanfängen: »Ich wünsche euch viel Glück für die Zukunft. Ich wünsche euch Gesundheit. Ich wünsche euch Zufriedenheit.«

Lernen und Einprägen

Grundsätzlich sollten Sie sich bemühen, Ihre Rede so gut wie auswendig zu lernen. Sie müssen sich dabei nicht Wort für Wort und Satz für Satz einprägen, sondern vielmehr das Ideengerüst oder die Gliederung, die Sie bei der Formulierung Ihrer Ansprache ausgearbeitet haben. An dieser Gliederung können Sie sich dann entlanghangeln und das Gerüst mit Worten füllen.

Lesen Sie zunächst einmal die Rede einige Male laut vom Blatt ab. So bekommen Sie ein Gefühl für die richtige Betonung und die Stellen, an denen Sie Pausen einlegen wollen – entweder weil Sie selbst Luft holen müssen oder weil Sie Ihrem Publikum Zeit zum Lachen oder Nachdenken geben wollen. Worte, die Sie betonen möchten, sollten Sie im Manuskript besonders hervorheben, indem Sie sie in Großbuchstaben schreiben oder mit Textmarker farbig unterlegen.

Wenn Sie die Rede einigermaßen auswendig können oder zumindest nicht mehr jedes einzelne Wort in Ihrem Manuskript nachlesen müssen, sollten Sie einige Probeläufe halten. Stellen Sie sich dabei ruhig vor einen großen Spiegel, denn so können Sie auch auf Ihre Körpersprache achten.

Tipp: Wenn Sie mit Ihrer Rede zufrieden sind, kommt die Feuerprobe. Lesen Sie die Ansprache einem guten (und vor allem ehrlichen) Freund vor und fragen Sie ihn nach seiner Meinung.

Der Körper spricht mit

Unsere Wirkung als Sprecher hängt zu etwa 50 Prozent von unserer Körpersprache ab – nicht nur, *was* wir sagen, ist wichtig, sondern auch, *wie* wir es sagen. Daher sollten Sie sich im Vorfeld einer Rede neben dem Inhalt auch mit den Dingen beschäftigen, die über den verbalen Gehalt der Ansprache hinausgehen, wie mit der richtigen Sprechtechnik und Atmung. Schließlich soll Ihnen nicht im entscheidenden Augenblick die Stimme versagen, sondern sie soll bis in den letzten Winkel des Saales vordringen.

Atmung

Voraussetzung für das richtige Sprechen ist die richtige Atmung. Wer zu langsam atmet, wird schon fast im wörtlichen Sinne langatmig, die Zuhörer ermüden rasch und können den Ausführungen des Redners nur schwer folgen. Atmen Sie lieber etwas schneller, aber nicht zu hektisch. Wenn Sie sich an diese Regel halten, werden Sie auch geräuschlos atmen können und müssen nicht keuchen oder laut nach Luft schnappen.

Planen Sie bei Ihrer Rede zwischendurch auch kleine Pausen ein, sodass Sie gut Luft holen können. Keine Angst, Sie kommen dabei nicht aus dem Redefluss! Und wenn es doch passiert, hilft Ihnen ein Blick auf Ihr Manuskript und schon haben Sie den Faden wieder gefunden! Planen Sie diese Pausen bereits bei der Vorbereitung ein – formulieren Sie die Sätze nicht zu lang, damit Sie immer Zeit zum Luftholen finden, ohne dass Ihre Rede abgehackt wirkt. Zur Sicherheit können Sie diese Pausen auch in Ihrem Manuskript vermerken, zum Beispiel mit einem bunten Häkchen.

Sprechtechnik

Manche Menschen neigen dazu, zu nuscheln oder gleich ganze Silben zu verschlucken. Wenn Sie zu diesem Personenkreis gehören, sollten Sie an diesen unangenehmen Sprechgewohnheiten arbeiten – ganz besonders, wenn Sie in der Öffentlichkeit, also auch auf einer Hochzeitsfeier, sprechen müssen. Die beste Rede kann nämlich ihre Wirkung nicht entfalten, wenn man sie gar nicht erst versteht! Bemühen Sie sich daher stets, deutlich und gut verständlich zu sprechen.

Tipp: Zeichnen Sie einen Probelauf Ihrer Rede auf Kassette auf. So können Sie leicht heraushören, wo Sie undeutlich oder gar unverständlich werden. Auch der häufige Einsatz von Füllwörtern und Marotten wie »äh«, »also«, »eben« oder »ich meine« fällt hier schnell auf.

Zur Sprechtechnik gehört auch das richtige Sprechtempo. Gerade wenn sie nervös sind – wie bei einer Rede häufig der Fall –, sprechen viele Menschen schneller als üblich, damit sie die unangenehme Aufgabe so schnell wie möglich hinter sich bringen. Doch das Publikum kann ihren Worten dann nur schwer folgen und auch die Gefahr, sich zu verhaspeln, ist in einem solchen Fall größer. Wenn Sie sehr schnell sprechen, können Sie sogar richtig außer Atem geraten! Üben Sie daher auch das richtige Tempo vorher ein und bremsen Sie sich während des Vortrags. Vielleicht klingt Ihre Rede in Ihren Ohren nun langsamer, doch Ihr Publikum wird Ihnen diese Anstrengung sicher danken.

Bemühen Sie sich auch, den Text richtig zu betonen. Gehen Sie dabei mit Ihrer Stimme auf und ab und leiern Sie Ihre Rede nicht monoton herunter wie einen Einkaufszettel. Damit schläfern Sie nur Ihre Zuhörer ein, von Unterhaltung kann hier nicht mehr die Rede sein! Doch wie betont man einen Text richtig? Die richtige Betonung erreichen Sie, indem Sie vor dem wichtigen Wort eine kleine Pause machen oder den Klang Ihrer Stimme verändern.

Körpersprache

Während das gesprochene Wort sachliche Informationen vermittelt, offenbart die Körpersprache, wie wir uns bei dieser Aussage fühlen. Wer sich klein macht und vor sich auf den Boden starrt, wird von seinen Zuhörern nicht für voll genommen, denn er transportiert mit dieser Körperhaltung seine Unsicherheit und Verlegenheit. Eine aufrechte Haltung wirkt dagegen selbstbewusst. Und wohin mit den Händen? Ein Redner, der während seines Vortrags stocksteif dasteht, wirkt wenig ansprechend, doch übertriebener Einsatz von Mimik und Gestik lenkt zu sehr von der Rede ab. Finden Sie hier das richtige Mittelmaß. Wichtige Punkte dürfen Sie gerne mit einer Handbewegung unterstreichen, doch sollten Sie nicht wild mit den Händen herumfuchteln. Auch Ihr Temperament wird dabei eine Rolle spielen: Sind Sie sehr lebhaft und sprechen Sie von Haus aus mit Händen und Füßen, so brauchen Sie sich bei Ihrer Rede natürlich nicht zu verstellen. Schließlich kennen Ihre Zuhörer Sie und sind auch mit Ihrer Sprechweise vertraut.

Tipp: Körpersprache können Sie sehr gut vor dem Spiegel einstudieren. Wie wirken bestimmte Gesten? Auch Marotten, wie zum Beispiel mit den Füßen wippen, zappeln oder ständiges Herumspielen an Krawatten, Brille oder Haaren, fallen hier sehr gut auf.

Das Lächeln sollten Sie bei einer Rede ebenfalls nicht vergessen, besonders bei einem freudigen Anlass wie einer Hochzeit. Halten Sie außerdem Blickkontakt mit den Zuhörern. Natürlich dürfen Sie ab und zu einen Blick in Ihr Manuskript werfen, doch größtenteils sollten Ihre Augen auf Ihre Zuhörer – zu denen vor allem das Brautpaar gehört – gerichtet sein.

Wein lockert die Zunge? In gewissem Maße schon, doch
nicht bei einer Rede! Auch wenn Sie noch so nervös sind, verzichten
Sie auf das berühmte Gläschen Schnaps zur Beruhigung!
Nicht nur, dass Sie sich – und das Gelingen Ihrer Rede – so besser
unter Kontrolle haben, Sie laufen auch nicht Gefahr, den Hochzeits-
gästen durch eine gelallte Rede unangenehm in Erinnerung
zu bleiben!

Der Vortrag

So, auf dem Papier ist Ihre Rede nun fix und fertig und auswendig
können Sie sie auch – jetzt müssen Sie sie »nur noch« halten.
Doch das ist leichter gesagt als getan: Soll ich die Rede ablesen
oder lieber frei sprechen? Was passiert, wenn ich plötzlich den Faden verliere? Und überhaupt – ich bin ja so nervös! Tipps und
Tricks, wie Sie auch den Vortrag gut hinter sich bringen, erfahren
Sie in diesem Abschnitt.

Ablesen oder frei sprechen?

Die Entscheidung, ob Sie Ihre Rede frei halten oder weitgehend
vom Blatt ablesen wollen, liegt natürlich ganz bei Ihnen. Aus-
schlaggebend wird sein, wie gut Sie sich auf Ihren Vortrag vorbereitet haben und wie geübt Sie im Reden sind. Am besten wirkt
eine Rede natürlich, wenn sie frei vorgetragen wird. Zudem hat
dies den Vorteil, dass Sie die Reaktionen Ihrer Zuhörer sofort
wahrnehmen und darauf reagieren können. Deshalb sollten Sie
bei der freien Rede immer Blickkontakt zum Publikum, ganz besonders zum Brautpaar, halten und Ihre Augen in die Menge
schweifen lassen. Sie müssen dabei keineswegs auf jegliche Hilfs-
mittel verzichten: Notieren Sie sich einige wichtige Stichworte in
großer Schrift auf Karteikarten oder einem Blatt Papier und han-
geln Sie sich an diesem Gerüst entlang.

Tipp: Wenn Sie Ihre Rede vor dem Essen halten, informieren Sie die Kellner, damit Ihre Worte nicht im Tellerklappern untergehen. Steht am Ende Ihrer Rede ein Toast auf das Brautpaar, vergewissern Sie sich vorher, ob auch alle etwas zu trinken haben. Niemand stößt gerne mit leerem Glas an …

Doch auch gegen das Ablesen einer Rede spricht eigentlich nichts, wenn Sie ein paar Punkte beachten. Starren Sie nicht die ganze Zeit über auf Ihr Blatt, sondern halten Sie so gut es geht Blickkontakt zu den Zuhörern. Hier hilft eine gründliche Vorbereitung: Wenn Sie Ihre Rede fast auswendig können, wird es Ihnen leichter fallen, Ihren Blick ab und zu vom Manuskript zu heben und einen Satz frei zu Ende zu sprechen. Achten Sie beim Ablesen besonders darauf, dass Sie nicht zu schnell sprechen, denn gerade beim Lesen erhöht sich rasch das Tempo. Markieren Sie Wörter, die Sie betonen wollen, farblich und vermerken Sie Stellen, an denen Sie Pausen einlegen, im Manuskript. So wirkt Ihr Vortrag lebendiger und nicht abgelesen oder einstudiert.

Tipp: Wenn Sie sich für das Ablesen entscheiden, ist es besonders wichtig, die Rede im Vorfeld einige Male – auch vor Publikum – laut (!) vorzulesen, damit Sie Stellen, an denen Sie leicht ins Stolpern kommen oder sich verhaspeln, noch ausbessern können.

Feed-back wahrnehmen und darauf reagieren

Wer seine Rede frei hält, hat jederzeit sein Publikum im Auge und kann daher gut auf dessen Reaktionen eingehen. Aufmerksame Zuhörer werden Ihren Worten lauschen, an den richtigen Stellen lachen und sich nicht mit anderen Dingen, wie zum Beispiel Essen oder Trinken, beschäftigen oder sich mit ihrem Nachbarn unterhalten. Wenn Sie ein solches Feed-back von Ihrem Publikum bekommen, kann ich Ihnen nur eines raten: weiter so! Anders sieht es jedoch aus, wenn Ihre Zuhörer mit den Füßen scharren, sich räuspern, leise unterhalten oder gar das Gähnen nicht mehr unterdrücken können. Offensichtlich ziehen Sie Ihr

Publikum dann nicht ganz in Ihren Bann. Das muss nicht unbedingt an Ihrer Rede liegen. Vielleicht sind Sie ja bereits der fünfte Redner und dem Publikum knurrt bereits der Magen … Trotzdem ist ein solches Verhalten der Zuhörer unhöflich und eigentlich sollten Sie es nicht weiter beachten, sondern ganz normal weiterreden. Ist Ihnen die Situation aber sehr unangenehm, können Sie Ihre Ansprache auch abkürzen und zum Schluss kommen. Wenn Sie Ihr Thema gut im Griff haben, wird Ihnen dies nicht allzu schwer fallen.

Was tun bei einem Black-out?

Alles scheint ganz hervorragend zu klappen: Sie halten Ihre Rede weitgehend frei, das Publikum lauscht gebannt Ihren Worten … dann plötzlich: ein Black-out! Sie wissen nicht mehr, wie es weitergeht, ein bestimmtes Wort fällt Ihnen einfach nicht mehr ein! Das ist zwar peinlich – besonders wenn es sich bei diesem Wort auch noch um den Namen der Braut handelt –, aber kein Weltuntergang. Nobody is perfect – das wissen Sie und das weiß auch Ihr Publikum. Jetzt bleiben Ihnen zwei Möglichkeiten: Entweder Sie stehen zu Ihrem Black-out und geben offen zu: »Moment, jetzt weiß ich nicht mehr weiter. Aber das haben wir gleich.« Dann werfen Sie einen Blick in Ihr Manuskript und schon kann es weitergehen. Sie können in einem solchen Fall auch sagen: »Jetzt fällt mir das treffende Wort nicht ein, aber Sie wissen sicherlich, was ich meine.« Vielleicht hilft Ihnen dann auch ein Hochzeitsgast auf die Sprünge. Die zweite Möglichkeit, sich aus einem Black-out herauszumanövrieren, ist, ihn zu überspielen, indem Sie sich einer Umschreibung bedienen. Nehmen wir einmal an, Ihnen ist tatsächlich der Name der Braut entfallen. Am Ende Ihrer Rede wollten Sie eigentlich sagen: »Und nun wollen wir unsere Gläser erheben und auf Petra und Klaus anstoßen.« Also sagen Sie jetzt eben: »Und nun wollen wir unsere Gläser erheben und auf Klaus und seine wunderschöne Braut anstoßen.« Damit haben Sie nicht nur Ihren Black-out gekonnt überspielt, sondern der Braut auch noch ein charmantes Kompliment gemacht.

So bekämpfen Sie Ihr Lampenfieber

Kommt Ihnen die folgende Situation bekannt vor: Eigentlich wissen Sie ja genau, dass Ihnen nichts passieren kann. Sie haben Ihre Rede schließlich gründlich vorbereitet und mehrere Male geübt. Und trotzdem: Je näher der große Auftritt rückt, desto nervöser werden Sie. Sie zittern, Ihnen bricht der Schweiß aus und am liebsten wären Sie jetzt ganz weit weg. Ganz klar, Sie haben Lampenfieber! Doch eines mag Sie jetzt vielleicht trösten: Sie sind nicht allein! Nahezu jeder ist aufgeregt, wenn er im Rampenlicht steht. Auch etliche Schauspieler und Moderatoren sind längst nicht so selbstsicher, wie sie auf dem Fernsehschirm oder auf der Bühne wirken. Und ob Sie es nun glauben oder nicht: Lampenfieber hat auch etwas Positives: Ursprünglich bewirkte dieser durch Angst ausgelöste Stress die optimale Voraussetzung für eine schnelle Flucht. Fliehen dürfen Sie jetzt zwar nicht, aber durch den Stress des Lampenfiebers sind Ihre Sinne geschärft und Sie voll und ganz auf Ihre bevorstehende Aufgabe konzentriert. Sie sind bei Ihrem Auftritt also körperlich in Höchstform – und das ist doch ideal, oder?

Wenn Sie auch das nicht tröstet, werden Sie sich freuen, dass sich Lampenfieber in den Griff bekommen lässt. Um mehr Sicherheit beim Reden zu erlangen, gibt es eigentlich nur ein Rezept: reden, reden, reden. Je mehr Erfahrung Sie mit dieser Situation haben, desto sicherer werden Sie sich fühlen. Aber wenn es nun das erste Mal ist? Dann machen Sie sich Folgendes klar: Das Gute an einer Hochzeitsfeier ist, dass sie in einem privaten Umfeld stattfindet. Sie müssen mit Ihrer Rede also keineswegs ein Publikum zu etwas überreden und setzen im Falle eines Versagens auch nicht Ihre gesamte Karriere aufs Spiel. Vielmehr wissen die anwesenden Gäste, dass Sie kein professioneller Redner sind, und werden Ihnen daher so manchen Fehler oder Patzer verzeihen. Wenn Sie sich erst einmal bewusst machen, dass Sie gar nicht perfekt sein müssen, wird Ihnen dies viel von Ihrer Angst nehmen.

Sie dürfen Ihre Aufregung ruhig zugeben. Der Großteil der Anwesenden wird nachfühlen können, wie Ihnen zumute ist, und insgeheim froh sein, dass der Kelch der Rede an ihm vorübergegangen ist. Und was ist schon dabei, wenn die anderen wissen, wie es um Sie steht? Sie sind schließlich auch nur ein Mensch!

Um sich zu entspannen, sollten Sie ganz bewusst durch die Nase ein- und ausatmen. Wenn Sie dann vor Ihren Zuhörern stehen, hilft es, sich erst einen Augenblick lang zu sammeln, bevor Sie mit Ihrer Rede loslegen. So bündeln Sie noch einmal Ihre ganzen Kräfte für die anstehende Aufgabe.

Tipp: Wer sich durch Menschenmengen verunsichert fühlt, kann sich mit einem einfachen Trick behelfen: Konzentrieren Sie sich ganz auf das Brautpaar, als ob keine anderen Personen anwesend wären. Das ist in diesem Fall völlig legitim, denn schließlich spielt es an diesem Tag die Hauptrolle, ihm ist Ihre Ansprache gewidmet. So können Sie Ihre Nervosität etwas in Grenzen halten.

Ein Sonderfall: die spontane Rede

Der Albtraum so manchen Hochzeitsgastes: »Ach, Peter, kannst du vor dem Essen nicht noch ein paar nette Worte sagen?«, mit dieser Bitte tritt plötzlich der Bräutigam an Sie heran. Nun ist es vorbei mit der ungetrübten Feierlaune! Wie kann ich jetzt auf die Schnelle eine umwerfende Rede aus dem Ärmel schütteln? Was soll ich nur sagen?

Zu Ihrer Beruhigung eines vorweg: Wer Sie im letzten Moment zu einer Rede auffordert, wird keine stilistisch ausgefeilte 15-minütige Ansprache von Ihnen erwarten – und die müssen Sie in einem solchen Fall auch nicht bieten. Allerdings sollten Sie auch nicht ganz ohne Konzept drauflosplappern wie manche Moderatoren privater Radiosender. Beachten Sie stattdessen lieber die folgenden Tipps und Hinweise:

Eine spontane Rede folgt demselben Aufbau wie eine vorher ausgearbeitete, hat also Aufhänger, Hauptteil und Abschluss. Da Sie in dieser Situation allerdings keine Zeit mehr für umfangreiche Recherchen oder die Suche nach Zitaten und Bonmots haben, müssen Sie Ihre Rede mit den Informationen bestreiten, die

Ihnen bereits vorliegen. Außerdem können Sie noch bei demjenigen, der Sie um den Gefallen gebeten hat, ein paar Zusatzinformationen einholen. Für eine spontane Rede eignen sich besonders Ihre persönlichen Erlebnisse mit dem Brautpaar.

Wenn Sie Ihr Material beisammen haben, legen Sie eine Grobgliederung fest, die Sie zur Not auch auf einer Serviette oder einem Bierdeckel notieren können. Als Abschluss passen hier gute Wünsche für die Zukunft in Verbindung mit einem Toast. Trinken Sie noch schnell ein Glas Wasser und atmen Sie tief durch – und dann geht's auch schon los!

Checkliste:
Zehn Goldene Regeln für eine erfolgreiche Rede

1. Bereiten Sie Ihre Rede gründlich vor.

2. Eine gute Rede braucht ein gutes Thema.

3. Gliedern Sie Ihre Rede in drei Teile: Einstieg, Hauptteil und Schluss.

4. Finden Sie einen Einstieg, der die Zuhörer fesselt.

5. Verzichten Sie möglichst auf Fremdwörter.

6. In der Kürze liegt die Würze.

7. Bleiben Sie Sie selbst.

8. Sprechen Sie langsam und deutlich.

9. Halten Sie Blickkontakt mit Ihrem Publikum.

10. Finden Sie einen originellen Schluss für Ihre Rede.

2. KAPITEL

Inhaltliche Elemente und Textbausteine

Natürlich sollte eine Hochzeitsrede immer individuell auf das jeweilige Brautpaar zugeschnitten werden, doch gibt es einige typische Bestandteile, wie eine Begrüßung, die bei keiner Ansprache fehlen dürfen. Auch im Hauptteil können Sie mit Hilfe einiger inhaltlicher Elemente eine Ansprache persönlich gestalten. Der große Unterschied zwischen einer privaten – anlässlich einer Hochzeit – und einer offiziellen Rede ist, dass die private grundsätzlich persönlicher gehalten ist. Im Vordergrund stehen hier keine sachlichen Informationen oder gar Argumente, sondern Empfindungen und Stimmungen, die auch Ihre eigenen sein dürfen. Ziel der Ansprache ist in diesem Fall ja nicht, die Zuhörer von etwas zu überzeugen oder sie auf Ihre Seite zu ziehen, sondern die Stimmung aufzulockern und dem Brautpaar zu zeigen, wie wichtig es Ihnen ist. Deshalb darf eine Hochzeitsrede nicht zu förmlich und auf gar keinen Fall ironisch oder verletzend sein. Wie Sie dieses Ziel mit verschiedenen inhaltlichen Elementen erreichen und wie Sie diese im Einzelnen gestalten können, erfahren Sie in diesem Kapitel.

Begrüßung

Am Beginn einer jeden Rede – egal, ob offiziell oder privat – steht die Begrüßung der Zuhörer. Doch wie sagt man das am besten? »Liebes Brautpaar, liebe Eltern der Brautleute, sehr geehrte Verwandtschaft, liebe Freunde, Bekannte und Kollegen …« – und schon schlummert Ihr Publikum selig vor sich hin, denn eine solche Begrüßung ist einfach zu lang! Überlegen Sie sich bei der

Vorbereitung, wen Sie ansprechen wollen; in den meisten Fällen wird das wohl das Brautpaar sein. An diese beiden Menschen richten Sie dann gezielt das Wort, für den Rest reicht ein »liebe Gäste«. Außerdem hat eine möglichst knappe Begrüßung noch einen weiteren Vorteil: Sie laufen nicht Gefahr, in der Aufregung einen wichtigen Menschen zu vergessen!

Bei der persönlichen Ansprache an das Brautpaar haben Sie etwas Gestaltungsspielraum: Sie können sich ganz normal auf die Vornamen beschränken oder noch ein »liebes Brautpaar« hinzufügen, um den Anlass Ihrer Rede hervorzuheben. Wenn Braut oder Bräutigam Ihre Schwester oder Ihr Bruder ist, können Sie auch dies in der Anrede deutlich machen. Dies hat den Vorteil, dass dann gleich alle Gäste wissen, wer Sie sind, und Sie sich nicht erst noch vorstellen müssen. Die Regeln der Höflichkeit gebieten übrigens, dass die Braut stets als Erste genannt wird, auch wenn Sie dem Bräutigam vielleicht näher stehen.

Beispiele für eine gelungene Begrüßung

- Liebe Petra, lieber Klaus

- Liebes Brautpaar, liebe Petra, lieber Klaus

- Liebe Petra, lieber Klaus, liebe Hochzeitsgäste

- Liebe Petra, lieber Klaus, liebe Freunde und Verwandte

- Liebe Petra, lieber Klaus, liebe Bekannte und Unbekannte

- Liebe Petra, lieber Klaus, liebe alte und neue Verwandte

- Liebe Schwester, lieber Klaus, liebe Gäste

- Liebe Petra, lieber kleiner Bruder, liebe Hochzeitsgäste

Einleitung

Nach der Begrüßung folgt die eigentliche Einleitung Ihrer Rede. Wie bereits gesagt, spielt sie eine entscheidende Rolle für den Erfolg, denn sie soll vor allem die Aufmerksamkeit Ihrer Zuhörer fesseln und kurz und schnörkellos zum Thema hinführen. Sätze wie:»Ich möchte auch noch etwas sagen« oder »Auch ich habe etwas zur Hochzeit von Petra und Klaus beizutragen«, mögen zwar der Wahrheit entsprechen, eignen sich jedoch wenig, das Publikum in Ihren Bann zu ziehen. Versuchen Sie stattdessen lieber, mit einem originellen Einstieg die Aufmerksamkeit der Hochzeitsgäste zu gewinnen. Dafür bietet sich eine Palette von Möglichkeiten an.

Zitate

Ein beliebter Einstieg für eine Hochzeitsrede ist ein Zitat zum Thema »Liebe« oder »Ehe«, das Sie dann im Hauptteil vertiefen können. Geben Sie zum Beispiel Ihre eigene Interpretation dieses Zitats oder gehen Sie auf dessen Bedeutung für das Leben des Brautpaares ein. Ein solches Zitat kann durchaus witzig oder ein bisschen ironisch sein – wichtig ist nur, dass Sie diese Ironie in Ihrer anschließenden Ansprache wieder auflösen. Wenn Sie also mit einem Zitat beginnen wollen, sollten Sie natürlich auch erwähnen, wer diese weisen Worte erdacht hat: Es muss gar nicht unbedingt von einem berühmten Menschen wie Shakespeare oder Goethe stammen – wie wäre es stattdessen mit einer Strophe aus dem Lieblingslied des Brautpaares oder aus einem bekannten (Liebes-) Film? Wichtig ist nur, dass Sie die Quelle angeben, damit Sie sich nicht mit fremdem Federn schmücken – in einem solchen Fall müssen Sie nämlich immer damit rechnen, dass Ihnen jemand auf die Schliche kommt! Wählen Sie auch keinen zu abgedroschenen Spruch, damit die Zuhörer nicht das Gefühl bekommen, Ihre Rede schon hundertmal gehört zu haben. Überfrachten Sie Ihre Rede auch nicht mit Zitaten, selbst wenn die Fülle vorhandener Bonmots noch sosehr dazu verleitet. Das Publikum könnten sonst eventuell auf den Gedanken verfallen, Sie hätten keine eigenen

Ideen. Also lieber ein oder zwei passende und sorgfältig ausgewählte Zitate als eine bloße Aneinanderreihung fremder Gedanken! Eine kleine Auswahl für Hochzeiten finden Sie übrigens im Kapitel »Die besten Verse und Gedichte«.

Witze

Wer Talent fürs Witzeerzählen hat, darf seine Rede ruhig auch mit einem Witz beginnen. Die Zuhörer werden herzhaft lachen und so haben Sie das Publikum schon einmal für sich gewonnen. Bedenken Sie aber auch, dass der Einstieg die Stilebene für das Folgende festlegt. Es ist wichtig, dass Sie nach einem Witz wieder zum angebrachten feierlichen Ton zurückfinden und ein klein wenig ernsthafter werden. Vermeiden Sie auch Witze, die verletzend wirken können, zum Beispiel die beliebten Schwiegermutter-Witze oder solche, in denen der Ehemann ganz fürchterlich unter dem Pantoffel steht. Damit könnten Sie unbeabsichtigt in ein Fettnäpfchen tappen und dies ist ganz und gar nicht der Sinn einer Hochzeitsrede. Witze können zwar durchaus einen gelungenen Einstieg für eine Rede bilden, erfordern jedoch sehr viel Taktgefühl. Wenn Sie daher kein guter Witzeerzähler oder (noch) ein sehr unerfahrener Redner sind, verzichten Sie lieber darauf!

Anekdoten

Eine Anekdote aus dem Leben des Brautpaares eignet sich ebenfalls gut als Einstieg in die Hochzeitsrede. Je besser Sie das Brautpaar kennen, umso leichter wird es Ihnen fallen, eine passende Geschichte zu finden. Fragen Sie ruhig auch gute Freunde oder Familienmitglieder nach ihren Erlebnissen mit dem Brautpaar – bestimmt werden sie Ihnen gerne weiterhelfen.

Versuchen Sie auch, diese Anekdote später in Ihrer Rede wieder aufzugreifen. Im obigen Beispiel könnten Sie zum Beispiel auf das herrliche Wetter Bezug nehmen, das zum Glück keinerlei Anzeichen für ein Unwetter zeigt. Oder Ihre Hoffnung ausdrücken, in der frisch geschlossenen Ehe mögen sich niemals Gewitterwolken am Horizont zeigen.

Entgegnung auf den Vorredner

Wer bereits ein geübter Redner ist und außerdem etwas Spontaneität und Flexibilität mitbringt, kann sich mit seiner Einleitung auch direkt auf den Vorredner beziehen. Entweder stimmen Sie ihm zu oder haben Ihre eigenen Anmerkungen zu seinem Thema. Natürlich können Sie sich auf diese Situation gezielt vorbereiten: Wenn Sie wissen, dass außer Ihnen auch noch andere Gäste sprechen werden, setzen Sie sich im Vorfeld mit den anderen Rednern in Verbindung und fragen Sie sie, auf was sie eingehen wollen. Daran können Sie dann anknüpfen. Allerdings sollten sich in diesem Fall auch alle Redner an das verabredete Thema und vor allem an die Reihenfolge halten.

Hauptteil

Im Hauptteil Ihrer Rede beschäftigen Sie sich mit dem eigentlichen Thema. Im Idealfall haben Sie darauf schon mit Ihrer Einleitung hingeführt. Ist in Ihrem Einstieg ein Stichwort gefallen, das für den weiteren Verlauf Ihrer Ansprache von Bedeutung ist, greifen Sie es nun wieder auf und vertiefen Sie Ihre Ausführungen dazu. Auch auf Ihre Gefühle sollten Sie im Verlauf des Hauptteils immer wieder eingehen.

Grundsätzlich stehen Ihnen bei der Gestaltung des Hauptteils zwei Möglichkeiten offen: Entweder Sie gestalten Ihre Rede sehr persönlich und schneiden sie ganz auf das Brautpaar zu oder Sie halten sie allgemeiner und gehen beispielsweise auf den heutigen Stellenwert von Liebe ein oder philosophieren über den Wandel der Institution Ehe im Lauf der Jahrhunderte. Auch in diesem zweiten Fall sollten Sie zwischendurch immer wieder einen Bezug zum Brautpaar herstellen, damit die Rede nicht wirkt, als hätten Sie sie aus einem Buch wie diesem abgeschrieben. Diesen Bezug können Sie ganz einfach herstellen, indem Sie ab und zu das Brautpaar mit Namen ansprechen oder Wendungen wie »Ganz anders, als das bei euch der Fall ist, liebe Petra und lieber Klaus« oder »Und wie auch ihr bald feststellen werdet, liebe Petra, lieber Klaus« einbauen.

In einer persönlichen Rede können folgenden Elemente auftauchen:

- Ihre eigene Beziehung zum Brautpaar
- Die Jugend der Braut oder des Bräutigams
- Gemeinsame Erlebnisse mit dem Brautpaar: Wann wurde Ihnen klar, dass sich hier zwei Menschen gesucht und gefunden haben?
- Der Tag des ersten Begegnung: Was hat sich an diesem Tag noch ereignet? Waren Sie vielleicht sogar dabei?
- Der Beruf der Braut oder des Bräutigams: Vielleicht hat sich die reiselustige Petra ja passenderweise in einen Piloten verguckt? Oder der gesundheitsbewusste Klaus für alle Fälle eine Krankenschwester ausgesucht?

Achten Sie auch darauf, dass in Ihrer Rede Braut und Bräutigam in etwa zu gleichen Teilen vorkommen. Das wird Ihnen vermutlich nicht leicht fallen, denn naturgemäß werden Sie einen der beiden besser kennen. Fragen Sie dann bei Verwandten und Freunden des »unbekannteren« Partners nach, sie werden Ihnen gerne weiterhelfen!

Nicht immer folgt eine Rede der einfachen Formel BEHA (Begrüßung, Einleitung, Hauptteil, Abschluss). Bei einer Feier bietet sich auch eine andere Gliederungsform an: GGGG (Gruß, Grund, Geschichte, Glückwunsch). Der Gruß läuft nach dem oben erwähnten Muster ab, danach wird der Grund für das Zusammenkommen – in unserem Fall also die Hochzeit – genannt. Im Hauptteil wird die Rede sehr persönlich: Geschichten aus dem Leben des Brautpaares nehmen breiten Raum ein. Bei der Hochzeit sollten Sie dabei kurz auf das Singleleben der Brautleute eingehen (das Aufzählen sämtlicher Affären ist hier allerdings taktlos, beschränken Sie sich lieber auf Wendungen wie »nach einigen Irrungen und Wirrungen«). Dann folgt das Kennenlernen und die gemeinsame Geschichte bis zum Tag der Eheschließung. Sie dürfen hier ruhig ein wenig humorvoll sein und Anekdoten oder lustige Erlebnisse mit dem Brautpaar erzählen. Am Ende Ihrer Rede steht dann die eigentliche Absicht, die Sie mit der Ansprache verfolgen: dem Brautpaar Ihre Glückwünsche zu überbringen und auf die Zukunft des Paares anzustoßen.

Auch einen Blick in die Zukunft dürfen Sie im Hauptteil Ihrer Rede riskieren: Bauen Sie ihn nach der Formel VGZ (Vergangenheit, Gegenwart, Zukunft) auf. Die Vergangenheit ist dabei jener Zeitraum, bevor sich die Brautleute kennen gelernt haben, die Gegenwart ihre Zeit als frisch verliebtes Paar und der Tag der Eheschließung, die Zukunft alles, was von nun an geschieht. Hier ist es natürlich praktisch, wenn Sie etwas über die Pläne des Brautpaares wissen. Ist Nachwuchs eingeplant oder bereits unterwegs? Will das Paar ein Haus kaufen oder bauen? Stehen berufliche Veränderungen an oder möchte das Brautpaar gemeinsam eine Zeit lang ins Ausland gehen? Je mehr Sie über die Zukunftspläne des Paares wissen, umso besser! Am Ende Ihrer Rede sollten Sie dann natürlich zusammen mit den anderen Gästen auf diese Zukunft anstoßen, auf dass sie so glücklich wie nur irgend möglich wird.

Abschluss

Eigentlich sollte der Schluss einer Rede keine Probleme aufwerfen, möchte man meinen. Doch leider merkt man vielen Rednern allzu sehr an, dass sie froh sind, es nun endlich »überstanden« zu haben. Wendungen wie »Und das war's dann« oder »Mehr habe ich nicht zu sagen« stehen dann am Ende – allerdings sind sie wenig charmant. Es stimmt zwar, dass eine Ansprache einen eindeutigen Abschluss haben sollte, damit das Publikum nicht unschlüssig ist, ob es nicht vielleicht doch noch weitergeht – aber Sie können das sicherlich besser, oder? Für einen gelungenes Finale gibt es mehrere Möglichkeiten.

Fazit

Ein schöner Ausklang einer Rede ist immer eine Schlussfolgerung oder ein Fazit, das Sie aus den Ausführungen des Hauptteils Ihrer Rede ziehen. Bringen Sie Ihre Ansprache auf den Punkt und enden Sie kurz und bündig mit einem Fazit oder einer knappen Zusammenfassung. Sehr gut eignet sich hier auch ein passendes Zitat.

Wünsche für die Zukunft

Ein ebenso beliebter Redenschluss ist eine Gratulation, verbunden mit guten Wünschen für die Zukunft des Brautpaares. Stimmen Sie den Ton Ihres Abschlusses immer auf den Ton der gesamten Rede ab. War die Rede insgesamt eher heiter, wirkt ein sehr feierlicher Abschluss nun fehl am Platz. Ebenso aus der Reihe fällt ein Witz am Ende einer förmlichen Rede.

Beispiele für Zukunftswünsche

- An diesem besonderen Tag in eurem Leben kann ich euch nur eines mit auf den Weg geben: Bleibt immer so glücklich wie heute!

- Dass Petra und Klaus heute glücklich sind, das wissen wir. Möge es auch in Zukunft so bleiben!

- Nun seid ihr also in den Hafen der Ehe eingelaufen und die stürmischen Zeiten sind vorüber. Ich wünsche euch alles Glück dieser Welt!

- So bleibt mir am Ende nur noch eines: Ich wünsche euch, dass alle eure Träume wahr werden. Auf Petra und Klaus!

Toast

Gerne hört eine Hochzeitsrede auch mit einem Toast auf, bei dem die Anwesenden ihre Gläser erheben und auf das Brautpaar anstoßen. Wenn bereits einige Redner vor Ihnen auf diese Art und Weise beendet haben, sollten Sie ein wenig Flexibilität an den Tag legen und Ihren Ausklang variieren. Schließlich sind Sie auf einer Hochzeit und nicht bei einem Trinkwettbewerb!

Beispiele für einen Abschluss mit einem Toast

- Liebe Gäste, lasst uns nun auf das Glück von Petra und Klaus anstoßen. Lasst uns darauf trinken, dass sich unser Brautpaar auch weiterhin so gut versteht wie heute! Zum Wohl!

- Wollen wir nun also unsere Gläser erheben und auf die Zukunft von Petra und Klaus trinken. Auf dass euch nichts und niemand auseinander bringen! Auf euch!

- Lasst uns nun auf diesen besonderen Tag im Leben von Petra und Klaus anstoßen. Auf dass ihr immer so glücklich seid wie heute! Auf Petra und Klaus!

3. KAPITEL

Musterreden

In diesem Kapitel finden Sie nun einige Musterreden für verschiedene Sprecher. Betrachten Sie diese als Anregungen, als Ideensammlung, mit denen Sie frei umgehen und die Sie auch verändern dürfen. Damit sich die Texte leichter lesen lassen, habe ich den Brautleuten Namen gegeben – vergessen Sie nicht, diese durch die Namen Ihres Brautpaares zu ersetzen! Auch bei den Sprechern können Sie variieren: Die Rede der Schwester des Bräutigams kann ebenso gut sein Bruder halten. Sie müssen dann lediglich ein paar kleine Änderungen vornehmen. Auch kann statt der Großmutter der Großvater sprechen usw. Picken Sie sich aus den Musterreden die Stellen heraus, die Ihnen gefallen. Sie können um diese Stellen herum auch Ihre eigene Rede schreiben oder verschiedene Redeteile miteinander kombinieren. Und dann müssen Sie Ihre Ansprache nur noch halten …

Ansprache des Brautvaters

Liebe Katharina, lieber Jonas, liebe Gäste,
meine Frau – deine Mutter, liebe Katharina – hat heute Morgen zu mir gesagt: »Stell dich doch nicht so an! Deine Tochter heiratet, also freue dich!« Und wie so viele Male hatte sie auch dieses Mal Recht. Dass ihr beide heute den Weg vor den Traualtar gefunden habt, ist ein Ereignis, über das sich die ganze Welt freuen sollte. Denn schließlich habt ihr euch aus Liebe dazu entschlossen. Ihr wollt euer restliches Leben gemeinsam verbringen und Glück und Unglück miteinander teilen. Und dies ist wirklich etwas, worüber wir alle uns herzlich freuen sollten!

Und trotzdem – was hat deine Mutter gemeint, als sie sagte,

ich solle mich gefälligst nicht so anstellen? Ganz einfach: Als dein Vater sehe ich den heutigen Tag auch mit einem weinenden Auge. Schließlich bin ich nun nicht mehr der wichtigste Mann in deinem Leben.

Ich erinnere mich noch gut daran, wie ich dir das Fahrradfahren beigebracht habe. Ich rannte hinter deinem kleinen Kinderrad her und hielt es fest, so wie ich dich dein ganzes Leben lang immer fest halten und auffangen wollte. Wenn ich aus der Arbeit nach Hause kam, konntest du es immer kaum erwarten, mir alles zu erzählen, was dir auf dem Herzen lag. Später, als du in die Tanzstunde gingst, haben wir zusammen die komplizierten Schritte geübt. Und auch so manchen Liebeskummer haben wir gemeinsam durchgestanden. Selbst als du schon von zu Hause ausgezogen warst, hast du mich immer sofort angerufen, wenn du etwas Wichtiges zu erzählen hattest. Und wir nahmen immer gerne an deinem Leben teil.

All das habe ich deiner Mutter gesagt, liebe Katharina, und natürlich hatte sie auch darauf wieder ein paar weise Worte parat: »Katharina heiratet ja schließlich nicht irgendjemanden, sondern Jonas. Den magst du doch. Und schließlich leben die beiden schon seit einem Jahr zusammen. Was hast du also?« Und auch dieses Mal hatte sie Recht: Du hättest gar keinen besseren Mann finden können, liebe Katharina. Natürlich macht es mich ein wenig traurig, dass ich nun nicht mehr deine Nummer eins bin. Doch macht es mich gleichzeitig unendlich glücklich, dass du dich für Jonas als Ehemann entschieden hast.

Und wenn ich euch beide so ansehe, weiß ich, dass ihr die richtige Wahl getroffen habt. Noch nie habe ich meine Katharina so glücklich gesehen wie heute und auch Jonas steht seine Freude ins Gesicht geschrieben. Da ihr bereits einige Zeit zusammenlebt, wisst ihr, auf was – oder besser gesagt: auf wen – ihr euch einlasst, und habt euch diesen Schritt gründlich überlegt. Jeder, der heute hier anwesend ist, wird gerne bestätigen, dass eure Entscheidung richtig war.

Jetzt kann ich nur noch zwei Dinge hoffen: Erstens natürlich, dass ihr beide immer so glücklich bleibt wie heute. Und zweitens, dass du, liebe Katharina, über deinem neuen Eheglück deine alten

Eltern nicht ganz vergisst. Wir sind auch weiterhin für dich da. So wie ich dich als kleines Mädchen beim Radfahren gestützt habe, werde ich dich auch jetzt noch stützen, wenn du mich einmal brauchen solltest. Ihr beide seid jederzeit in unserem Haus willkommen und wir freuen uns, wenn wir auch weiterhin an eurem Leben teilhaben dürfen. Ich werde mich gerne damit zufrieden geben, die Nummer zwei hinter Jonas zu sein. Denn schließlich hättest du keinen besseren Ehemann finden können!

Lasst uns nun alle unsere Gläser auf Katharina und Jonas erheben. Auf dass die beiden immer so glücklich sein werden wie am heutigen Tag. Auf Katharina und Jonas!

Ansprache des Vaters des Bräutigams

Liebe Meike, lieber Tobias, liebe Freunde und Verwandte,
die Statistik brachte es zutage: In Deutschland heiraten immer weniger Menschen. Gleich um 6,8 Prozent ging die Zahl der Eheschließungen im letzten Jahr zurück. Umso mehr freut es mich, dass ihr, liebe Meike, lieber Tobias, heute den Bund fürs Leben besiegelt habt.

Angesichts dieser Statistik drängt sich eine Frage auf: Woran mag es wohl liegen, dass die Deutschen so heiratsmüde geworden sind? Ist es denn so viel schwieriger geworden, den Partner fürs Leben zu finden? Wenn ich euch beide heute so anschaue, liebe Meike und lieber Tobias, dann kann es daran wohl nicht liegen. Denn mit euch haben sich zwei Menschen gefunden, die füreinander bestimmt sind.

Ich erinnere mich noch ganz genau, wie alles seinen Anfang nahm: Vor zwei Jahren erzählte mir Tobias, er habe da im Skiurlaub eine Frau namens Meike kennen gelernt, die ganz anders als alle anderen Frauen sei. In seinen Augen stand dabei ein Leuchten, wie ich es noch nie an ihm gesehen hatte. Zwei Monate lang schwärmte er uns von dieser geheimnisvollen Meike vor, bis wir sie endlich persönlich erleben durften. Ich erkannte meinen eigenen Sohn kaum wieder: Aus dem sorglosen, leichtlebigen, ja sogar etwas draufgängerischen Jungen war plötzlich ein rücksichtsvoller und fürsorglicher Mann geworden. Da wurde uns klar, dass diese Meike wirklich ein ganz besonderer Mensch sein musste. Das ist der Beweis, dass es auch heute noch Menschen gibt, die einfach zusammengehören. Daran kann es also nicht liegen, dass immer weniger Deutsche den Schritt vor den Traualtar wagen.

Vielleicht halten auch viele Paare die Ehe für eine altmodische Institution, die längst überholt ist? »Man kann doch ohne Trauschein genauso gut zusammenleben!«, so lautet ihr Argument. Doch was soll daran bitte überholt sein, wenn zwei Menschen sich vor der ganzen Welt zueinander bekennen? Wenn sie ihren Freunden und Verwandten zeigen, dass sie den Rest ihres Lebens gemeinsam verbringen wollen? Wenn sie sich sicher sind, dass sie tatsächlich den Partner fürs Leben gefunden haben? Nein – die Ehe ist ganz gewiss nicht altmodisch oder gar überholt! Wer das behauptet, sucht nur eine billige Ausrede!

Doch warum heiraten dann immer weniger Paare? Der Grund liegt vielleicht darin, dass unsere Zeit immer schnelllebiger wird. Dass auch einer Beziehung von Anfang an ein Verfallsdatum gegeben wird. Dass man zwischen Beziehungen hin und her springt wie zwischen Jobs oder Fernsehkanälen. Sobald die ersten Wolken am Horizont der jungen Liebe auftauchen, trennt man sich eben wieder – es wird sich schon ein neuer Partner finden. Da ist kein Platz mehr für die Vorstellung einer Liebe, die ein ganzes Leben lang hält. Und diese Menschen haben nicht einmal ganz Unrecht: Natürlich ist eine Ehe nicht immer so glücklich wie die ersten Tage der jungen Liebe. Natürlich verändert sich eine Beziehung im Laufe der Zeit: Die Schmetterlinge im Bauch flattern weniger wild und die schlaflosen Nächte werden seltener – zumindest, bis sich das erste Baby einstellt. Doch man gewinnt durch eine Heirat auch so viel: einen Partner, mit dem man Freude und Leid teilen kann. Der nicht bei den ersten Problemen das Weite sucht. Der auch in schwierigen Zeiten zu einem steht. Und eine Liebe, die durch diese Erfahrungen wächst und immer stärker wird. Eine Ehe bedeutet auch Arbeit – und das schreckt viele Menschen ab, in einer Zeit, die hauptsächlich auf Vergnügen ausgerichtet ist. Deshalb freue ich mich umso mehr, dass ihr, liebe

Meike und lieber Tobias, diesen Schritt in eine gemeinsame Zukunft wagt. Ihr seid euch sicher, dass ihr zusammengehört und dass ihr euer Leben gemeinsam verbringen wollt. Und dazu wünsche ich euch alles Glück dieser Welt.

Vor allem möchte ich euch heute jedoch um eines bitten: Zeigt es den Heiratsskeptikern! Zeigt ihnen, dass es die große Liebe immer noch gibt! Dass sich zwei Menschen finden können, die zusammengehören! Dass die Ehe keineswegs überholt ist! Und dass es auch in dieser schnelllebigen Zeit noch möglich ist, eine dauerhafte und glückliche Beziehung zu führen! Lasst uns alle darauf trinken, dass Meike und Tobias das gelingt. Kann es einen besseren Grund für eine Hochzeit geben als dieses glückliche Paar? Auf Meike und Tobias!

Die Brautmutter spricht

Liebe Claudia, lieber Markus, liebe Gäste,
»Brautmutter war die Eule, nahm Abschied mit Geheule« – so heißt es in einem alten Kinderlied. Doch aus welchem Grund sollte ich denn heute heulen? Doch ganz sicher nicht deshalb, weil ihr beide heute den Bund fürs Leben geschlossen habt!

Nein, auch ein Kinderlied kann Unrecht haben. Mir ist heute viel mehr nach Luftsprüngen und Jubel zumute. Nach Freude darüber, dass meine Claudia in Markus einen Partner gefunden hat, wie man sich keinen besseren wünschen kann. Nach Freude darüber, dass sich zwei Menschen entschlossen haben, den Rest ihres Lebens gemeinsam zu verbringen. Es stiehlt sich also höchstens die eine oder andere Freudenträne in meine Augen, aber Geheule? Nein danke, heute nicht!

Dabei hatte eine Brautmutter in der Vergangenheit durchaus Grund, bei der Hochzeit ihrer Tochter mit Geheule Abschied von ihr zu nehmen. Mit der Heirat ging eine Braut in die Familie des Ehemannes über, der Kontakt zu ihrer eigenen Familie brach dann häufig ab. So weit wird es bei uns hoffentlich nicht kommen, denn wir betrachten euch beide, Claudia und Markus, als festen Bestandteil unserer Familie.

Weitaus schlimmer als diese Trennung mag für eine Brautmutter früher die Ungewissheit gewesen sein, in die sie ihre Tochter entließ. Nicht immer wurde eine Ehe aus Liebe geschlossen – und in vielen Kulturen wird sie das auch heute noch nicht. Eine Familie wählte den Ehemann für die Tochter unter vielerlei Gesichtspunkten aus: An erster Stelle stand dabei natürlich das Geld. Nur wer seine Braut auch versorgen konnte, durfte auf die Hand der Tochter hoffen. Und wer vielleicht noch einen hohen Brautpreis zahlen konnte, hatte noch bessere Chancen. Doch auch die Politik wollte nicht außer Acht gelassen werden: Durch Heiraten konnten Allianzen mit anderen Völkern geschlossen werden – kein ganz unwichtiger Gesichtspunkt bei der Wahl des Ehemannes. Auf eines wurde damals jedoch kein Wert gelegt: auf die Liebe.

Ich will damit sagen, liebe Claudia, lieber Markus, dass ihr großes Glück habt, in einer Zeit und in einer Kultur zu leben, in der die Liebesheirat die Regel ist. Du konntest dir deinen Bräutigam selbst aussuchen, Claudia, und du hast eine Wahl getroffen, mit der auch deine Eltern einverstanden sind. Zu früheren Zeiten wärest du gar nicht erst gefragt worden! Dein Vater hätte dich an einen Mann seiner Wahl verheiratet. Ob dein Bräutigam dich auch liebt, darauf hätte er vermutlich nicht geachtet. Kein Wunder, dass eine Brautmutter damals oft in Geheule ausbrach. Sie hatte Angst um ihre Tochter, denn sie wusste ja nicht, was diese in ihrem neuen Leben erwarten würde.

Und auch für eine Braut dürfte der Hochzeitstag nicht immer nur glücklich gewesen sein. Sie musste ihre vertraute Umgebung verlassen und zu einem Ehemann ziehen, den sie vielleicht erst am Tag der Hochzeit zum ersten Mal zu Gesicht bekommen hatte. Da habt es ihr schon besser, liebe Claudia, lieber Markus. Denn ihr kennt euch bereits seit eurer Studienzeit. Zwei Jahre lang habt ihr bereits zusammen gewohnt, bevor ihr euch zur Hochzeit entschlossen habt. Ihr wisst also genau, auf was – und auf wen – ihr euch einlasst, und seid vor unangenehmen Überraschungen sicher. Diese Art der Freiheit gibt es noch nicht lange. Nicht einmal, als dein Vater und ich uns kennen gelernt haben, war es üblich, eine so genannte Ehe auf Probe zu führen. Ihr hattet die Möglichkeit, euch schon vor eurer Hochzeit gründlich zu erproben und habt euch daher nicht leichtfertig für die Ehe entschlossen. Solche Voraussetzungen sind ein glückliches Fundament für eure Ehe, doch die Arbeit ist damit noch nicht zu Ende. Der französische Schriftsteller und Biograf André Maurois hat einmal gesagt: »Die Ehe ist ein Bauwerk, das jeden Tag neu errichtet werden muss.« Und tatsächlich: Ihr müsst an eurer Ehe arbeiten, damit sie nicht wie ein vernachlässigtes Gebäude einstürzt. Dazu gehört auch, die Liebe des Partners nicht für selbstverständlich zu nehmen, sondern sie jeden Tag erneut als ein Geschenk zu betrachten. Ihr habt großes Glück, eine Liebesheirat schließen zu dürfen – und dieses Glück sollt ihr auch zu schätzen wissen.

Nein, die Brautmutter hat heute überhaupt keinen Grund, Abschied mit Geheule zu nehmen. Bei Markus weiß ich dich, liebe Claudia, in den allerbesten Händen. Wenn man euch beide ansieht, weiß man, dass dieser Schritt in eine gemeinsame Zukunft die richtige Entscheidung war. Wenn ihr nun eure Eltern nicht ganz vergesst und uns auch weiterhin an eurem Leben teilhaben lasst, so kann ich mit gutem Gewissen heute jubeln: Claudia und Markus haben geheiratet! Es möge jeder Tag ihrer Ehe so glücklich wie der heutige sein!

Die Mutter des Bräutigams spricht

Liebe Corinna, lieber Andreas, liebe Freunde und Verwandte,
der dänische Philosoph Sören Kierkegaard hat einmal gesagt: »Die Ehe ist und bleibt die wichtigste Entdeckungsreise, die der Mensch unternehmen kann.« Und heute, liebe Corinna und lieber Andreas, brecht nun ihr beide zu dieser Reise auf. Wohlbepackt mit den guten Wünschen aller Freunde und Verwandten. Mit einem großen Vorrat an Liebe, der euch hoffentlich nie zur Neige gehen wird.

Jede Reise hat einen Ausgangspunkt und ein Ziel. Wo eure gemeinsame Reise den Anfang nahm, ist klar: Auf einem Grillfest stellte dir dein Freund Stefan seine neue Kollegin Corinna vor, lieber Andreas. Und schon war es um dich geschehen – wie du später immer wieder sagen solltest. Doch niemand bricht unüberlegt und unvorbereitet zu einer Reise auf. Und so war es auch bei euch. Ihr beide habt erst noch eine Weile überlegt, wohin die Reise führen soll. Ob es nur ein kurzer Wochenendausflug ist, der zwar Spaß und Abwechslung bietet, der aber auch schon wieder vorüber ist, bevor er richtig begonnen hat. Oder ob es eine längere Reise wird, auf der man seinem Partner zu vertrauen lernt und gemeinsam Hindernisse überwindet. Lieber Andreas, als dein Vater und ich Corinna näher kennen lernten, war uns schnell klar, dass du zu einer längeren Reise aufbrechen würdest. Wir wussten, dass du dich dabei von uns entfernen würdest, doch das war gar nicht so schlimm für uns. Denn wir wussten, dass du mit Corinna einen Menschen gefunden hattest, der dich auf dieser Reise begleiten und dich nicht bei der ersten Schwierigkeit im Stich lassen würde. Wir vertrauten ihr ebenso wie dir und wissen, dass ihr gemeinsam nicht in der großen weiten Welt verloren geht.

Und heute ist also der große Tag gekommen· Es geht los. Früher versammelten sich Menschen am Hafen und winkten den Schiffen nach, die in weit entfernte Länder aufbrachen. Heute sind eure Freunde und Verwandten zusammengekommen und wünschen euch, liebe Corinna und lieber Andreas, von Herzen alles Gute auf eurer Reise in die unbekannte Welt der Ehe.

Eine Entdeckungsreise wird es auch bei euch sein. Die alten Seefahrer stießen damals auf fremdartige Länder und wilde Völker. Auch ihr werdet im Laufe eurer Ehe vielleicht noch Seiten an eurem Partner entdecken, die euch überraschen oder auch verunsichern. Doch letztlich haben die Menschen aus diesen neuen Entdeckungen gelernt, und das wird auch euch gelingen. Schätze, Gold und Reichtümer fanden die alten Entdecker im Übermaß und auch ihr werdet im Laufe eurer gemeinsamen Jahre noch etliche Schätze an eurem Partner entdecken. Und diese werden euer Leben zu zweit noch wertvoller machen. Natürlich geriet ein Segelschiff ab und zu in stürmische Gewässer. Die Wellen warfen das Schiff hin und her, die Winde tobten um die Masten, doch die Seeleute gaben nicht auf. Sie trotzten dem Sturm und hielten an ihrer Reise fest. Lasst auch ihr euch nicht durch den einen oder anderen Sturm von eurer gemeinsamen Reise abbringen. Auch der stärkste Wind legt sich wieder. Ist der Sturm erst einmal vorüber, so zeigen sich bald Sonnenschein und Windstille.

Die Ziele der alten Seefahrer waren klar: Sie wollten neue Länder entdecken, Reichtümer und Ruhm anhäufen. Doch was ist das Ziel eurer Reise, liebe Corinna, lieber Andreas? Ist bei eurer gemeinsamen Reise nicht eher der Weg das Ziel? Geht es hier nicht eher darum, stürmische und ruhige Gewässer mit derselben Zuversicht zu durchqueren? Geht es nicht eher darum, die Vorräte an Liebe und Vertrauen, die ihr im Gepäck habt, nicht aufzubrauchen? Geht es nicht auch darum, das ganze Leben lang immer neue Dinge zu entdecken und sich nicht mit den vorhandenen zufrieden zu geben? Denn so wird eure Entdeckungsreise niemals langweilig! Liebe Corinna, lieber Andreas: Bleibt neugierig aufeinander und auf die Welt. Lasst euch nicht von dem einen oder anderen Sturmtief von eurem gemeinsamen Weg abbringen. Freut euch über die Entdeckungen, die ihr im Laufe eurer Reise machen werdet: Sie werden euer Leben bereichern. Und geht behutsam um mit eurem Vorrat an Liebe, denn es ist nicht so leicht, Nachschub zu bekommen. Und vergesst auch nicht, ab und zu einmal bei uns anzulegen, denn wir bieten euch immer einen sicheren Hafen.

Liebe Hochzeitsgäste, lasst uns Corinna und Andreas nun alles Gute auf Ihrer großen Entdeckungsreise wünschen. Erheben wir unsere Gläser auf das Brautpaar. Wir wünschen euch eine gute Reise, Corinna und Andreas!

Rede eines Trauzeugen

Liebe Christina, lieber Fabian, liebe Bekannte und Unbekannte, als Fabians bester Freund war ich sehr verwundert, als er mich bat, sein Trauzeuge zu werden. Nicht weil ich überrascht war, dass ich ihm so wichtig bin. Sondern weil Fabian bis dahin der schlimmste Heiratsgegner war, dem ich je begegnet war. Wurde nur das Wort »Hochzeit« erwähnt, verzog er schon das Gesicht. Und jetzt sitzen wir heute alle hier beisammen und feiern seine Hochzeit!

Was war also passiert? Den Grund für Fabians plötzlichen Sinneswandel kann ich in einem Wort zusammenfassen: Christina.

Wollte ich jetzt böse sein, so könnte ich sagen, Christina hat meinen besten Freund verhext. Er ist nicht mehr so, wie ich ihn kenne. Doch genau das Gegenteil ist der Fall: Fabian ist jetzt so, wie er eigentlich schon immer war. Er hatte sich nur lange hinter einer coolen Fassade versteckt. Christina hat ihn dazu gebracht, diese zynische Hülle abzustreifen. Sie schaffte es, den liebevollen und empfindsamen Menschen, der darunter verborgen lag, hervorzuholen. Und ist uns dieser Fabian nicht allen viel lieber? Christina war also die gute Fee, die den Zauber von dem hässlichen Frosch nahm, sodass der verwunschene Prinz wieder zum Vorschein kam.

Dabei nahm es gar keinen guten Anfang mit den beiden, ich erinnere mich noch ganz genau. Im Winter 1999 wollte ich mit einer ganzen Gruppe von Freunden ein Wochenende auf einer Skihütte verbringen. Ganz klar, dass auch Fabian dabei sein sollte. Zwar ohne weibliche Begleitung, doch – wie ich ihn kannte – würde das nicht lange so bleiben. Denn kaum ein weibliches Wesen war damals vor ihm sicher. Auch Christina war mit von der Partie, eine Kollegin meiner Freundin Silke. Christina hatte sich gerade von ihrem Freund getrennt und Silke war sich gar nicht so sicher, ob sie in unserer Clique richtig aufgehoben war: »Und der einzige Single-Mann ist Fabian! Am Schluss denken die beiden noch, wir wollten sie verkuppeln! Die passen doch gar nicht zusammen!« So lauteten ihre Bedenken. Und sie hatte nicht ganz Unrecht: Christina und Fabian hassten sich auf den ersten Blick. Wie immer schaute Fabian jedem vorbeirauschenden Skihaserl nach. Und Christina? Christina brachte dieses Verhalten auf die Palme oder in diesem Fall auf die Latschenkiefer. Sie regte sich furchtbar über den »Macho« Fabian auf. Am Abend kam es dann auch zum großen Krach: Die beiden schrien sich an, die Türen knallten zu und den Rest des Wochenendes herrschte eisige Stimmung. Und zwar nicht nur im glitzernden Schnee auf dem Skihang. »Na toll«, dachten wir uns, »jetzt haben es die beiden Streithähne geschafft, uns den ganzen Skiausflug zu verderben.«

Der Name Christina wurde zwischen mir und Fabian von diesem Tag an nicht mehr erwähnt. Doch nach ein paar Wochen ging plötzlich eine merkwürdige Veränderung in Fabian vor. Plötzlich hatte er kaum mehr Zeit für seinen besten Freund. Einmal ertappte ich ihn sogar, wie er gerade ein Blumengeschäft verließ. Schnell schlich er sich davon, doch der riesige Strauß roter Rosen war mir nicht entgangen. »Fabian wird doch wohl nicht einmal eine ernsthafte Beziehung haben?«, dachte ich, »unmöglich!« Irgendwann musste ich ihn einfach darauf ansprechen. Und was machte er? Er druckste herum und gab dann doch zu, dass es da tatsächlich jemanden gäbe. Und richtig rot wurde er auch noch! Wer es denn sei? Darauf gab es erst einmal keine Antwort. Einen Monat lang spannte er mich noch auf die Folter, doch dann konnte er sein Geheimnis nicht länger verbergen. Ich hatte nämlich Geburtstag und forderte Fabian auf, mit Begleitung zur Party zu kommen. Und fiel dann beinahe in Ohnmacht, als ich die Wohnungstür öffnete und Fabian und Christina erblickte! Was in Gottes Namen war passiert? Nun, einige Wochen nach dem verunglückten Skiurlaub waren sich die beiden zufällig im Supermarkt wieder begegnet. Fabian entschuldigte sich für sein unmögliches Benehmen und lud Christina zur Wiedergutmachung auf eine Tasse Kaffee ein. Und dabei stellten die beiden dann fest, dass sie sich doch nicht so unsympathisch waren. Wie es halt im Leben so geht: Eines kam zum anderen und nun sind wir alle hier versammelt und feiern die Hochzeit von Christina und Fabian.

Was lernen wir also aus dieser langen Geschichte? Erstens: Das Skiwochenende war doch nicht für alle Teilnehmer im Eimer. Ganz im Gegenteil: Für Fabian und Christina war es der Start in ein neues Leben, auch wenn sie das damals ganz bestimmt nicht geglaubt hätten. Zweitens: Es gibt auch Liebe auf den zweiten Blick. Ihr beide, liebe Christina und lieber Fabian, seid das beste Beispiel dafür, dass es sich lohnen kann, einem Menschen eine zweite Chance zu geben. Und drittens: Fabian ist von seiner Hochzeitsphobie geheilt. Er hat endlich gelernt, dass es wahre Liebe gibt und dass zwei Menschen füreinander bestimmt sein können. Und das hat er nur dir zu verdanken, liebe Christina!

Als euer Trauzeuge wünsche ich euch nun alles Gute für eure gemeinsame Zukunft. Ihr habt euch bereits bei eurer ersten Begegnung von eurer schlimmsten Seite kennen gelernt und im Laufe der Zeit eure guten Seiten entdeckt. Wir alle hoffen, dass die schlechten Seiten im Schnee des Zillertals verschüttet wurden und dort auch für immer liegen bleiben. Erheben wir nun die Gläser auf das Brautpaar. Ein Hoch auf Christina und Fabian!

Der Bruder spricht bei der Hochzeit der Schwester

Liebe Susi, lieber Stefan, liebe Hochzeitsgäste,
vor rund sechs Monaten ließen meine kleine Schwester Susi und ihr Freund Stefan die Bombe platzen: Sie wollten heiraten! Ich als Susis großer Bruder konnte da nur schockiert sein: Schließlich bin ich zwei Jahre älter als Susi und hatte immer alles vor ihr getan. Ich verlor zuerst einen Zahn, ich kam als Erster in die Schule und ich durfte als Erster in die Disco. Natürlich machte ich auch als Erster den Führerschein und das Abitur und zog auch als Erster von zu Hause aus. Für Susi war das praktisch: Sie ließ sich von mir bei den Hausaufgaben helfen, in die Disco schmuggeln und zu ihren Freundinnen fahren. Und auch sonst kam sie gerne mit ihren Problemen zu mir: »Warum sind Jungs bloß so?« – diesen Vorwurf musste ich mir mehr als nur einmal anhören.

Und jetzt heiratet Susi also! Und zwar als Erste! Vor mir! Zum ersten Mal bin ich ihr nicht voraus und kann ihr nicht mit Rat und Tat zur Seite stehen. Und noch schlimmer ist: Sie braucht meinen Rat anscheinend gar nicht mehr! Für Stefan hat sie sich jedenfalls ganz alleine entschieden. Und liegt damit auch genau richtig.

Plötzlich war ich derjenige, der neugierig war und die kleine Schwester mit Fragen löcherte: »Woran hast du denn gemerkt, dass Stefan der Richtige ist?«, habe ich sie gefragt. Susi hat darauf kurz und knapp geantwortet: »Ich wusste es einfach!« Da kann ich meiner kleinen Schwester nur Recht geben. Jeder, der Susi und Stefan anschaut, weiß einfach, dass diese beiden zusammengehören. Dass sich hier zwei Menschen gesucht und gefunden haben, wie es so schön heißt. Susi und Stefan sind entschlossen, sich durch nichts und niemanden mehr trennen zu lassen. Darüber wollen wir uns heute alle mit ihnen freuen!

Natürlich könnte ich Stefan jetzt einige Kleinigkeiten über seine Braut verraten, die ihn vielleicht überraschen würden. Zum Beispiel, dass er keineswegs der erste Mann ist, den Susi heiraten wollte. Denn nur weil der »Geißenpeter« eine Zeichentrickfigur war, durfte Stefan heute neben Susi vor dem Traualtar stehen. Oder dass Susi an ihrem 16. Geburtstag keineswegs bei ihrer Freundin Katja übernachtet hat, wie es unsere Eltern glaubten. In Wahrheit zog sie mit mir und meinen Freunden bis 4.00 Uhr morgens durch das Stuttgarter Nachtleben. Ob sie dabei auch etwas getrunken hat? Das musst du sie schon selber fragen, lieber Stefan! Doch vermutlich weißt du all das schon längst. Denn wer einmal Susis Herz gewonnen hat, kennt bald all ihre Geheimnisse. Diese Offenheit macht dich zu dem wundervollen Menschen, der du bist, liebes Schwesterchen. Doch sie macht dich auch verletzlich. Als du noch klein warst, habe ich immer all die bösen Jungs versohlt, die dich geärgert haben. Meiner Schwester durfte eben niemand etwas zu Leide tun! Dich, lieber Stefan, muss ich hoffentlich nie versohlen und ich hoffe das nicht nur, weil du einen halben Kopf größer bist als ich. Ich hoffe das vor allem deshalb, weil ich meine kleine Schwester auch heute noch vor jedem Leid beschützen möchte. Doch mittlerweile kenne ich dich gut. Ich weiß, dass ich sie vor dir ganz bestimmt nicht zu schützen brauche. Stattdessen übertrage ich nun dir diese ehrenvolle Aufgabe: Pass gut auf meine kleine Schwester auf!

Und wenn Susi heute doch noch einmal ihren großen Bruder um Rat fragen sollte? Dann würde ich ihr vor allem eines mit auf den Weg geben: Vergiss nie, warum du Stefan geheiratet hast: aus Liebe! Daran solltet ihr beide immer denken. Vielleicht verliert ihr diese Liebe im Laufe der Jahre einmal aus den Augen oder sie geht im hektischen Alltagsleben beinahe unter. Dann müsst ihr nur ganz genau hinsehen und sie wieder finden.

Und vielleicht suche in ein paar Jahren ja auch ich einmal den Rat meiner großen kleinen Schwester. Vielleicht stehe ich dann vor ihr wie ein kleiner Junge und frage: »Wie merkt man, ob man jemanden heiraten will?« Und vielleicht hält Susi ja dann einmal eine Rede auf meiner Hochzeit!

Liebe Susi, lieber Stefan, ich wünsche euch von Herzen alles

Gute auf eurem Weg in eine gemeinsame Zukunft. Ich wünsche euch, dass ihr immer so glücklich seid wie heute! Ich wünsche euch, dass alle eure Wünsche in Erfüllung gehen! Ich wünsche euch alles Glück dieser Welt!

Eine Schwester des Bräutigams spricht

Liebe Sandra, lieber Michael, liebe Hochzeitsgäste,
heute ist es also geschehen: Mein großer Bruder Michael hat seine Sandra vor den Traualtar geführt. Dazu ist im Laufe des heutigen Tages ja schon einiges gesagt worden. Sandras Vater hat über den Wandel der Ehe im Laufe der Zeiten philosophiert und unsere Mutter hat dem frisch gebackenen Ehepaar ein paar weise Ratschläge mit auf den Weg in die gemeinsame Zukunft gegeben. Aber wussten Sie, dass selbst unser Dichterfürst Johann Wolfgang von Goethe etwas zur Eheschließung von Sandra und Michael zu sagen hatte? Der weise Geheimrat sprach nämlich einmal: »In der Komödie sehen wir eine Heirat als das letzte Ziel eines durch die Hindernisse mehrerer Akte verschobenen Wunsches, und im Augenblick, da es erreicht ist, fällt der Vorhang, und die momentane Befriedigung klingt bei uns nach. In der Welt ist es anders; da wird hinten immer fortgespielt, und wenn der Vorhang wieder aufgeht, mag man gern nichts weiter davon sehen noch hören.«

So wie Goethe es für die Komödie seiner Zeit beschrieb, erleben wir es heute immer wieder im Kino. Nach etlichen Hindernissen und Verwirrungen »kriegen sich« die beiden Hauptdarsteller endlich. Höhepunkt – und gleichzeitig Schlusspunkt – des Filmes ist der lang herbeigesehnte Kuss. Wenn der Film Überlänge hat, bekommen wir vielleicht noch eine Hochzeit zu sehen. Doch spätestens dann ertönt die Musik des Abspanns und die Lichter im Saal gehen wieder an. Und das Publikum verlässt glücklich und zufrieden das Kino.

Im Film ist eine Hochzeit das Ende: das berühmte Happyend. Doch im wirklichen Leben ist das anders. Hier ist eine Hochzeit immer auch ein Anfang, der Start in eine gemeinsame Zukunft. Die Beziehung ist nicht mehr nur ein Provisorium, das man jederzeit wieder auflösen kann, sondern ihr beide, liebe Sandra und lieber Michael, habt euch entschlossen, für immer zusammenzubleiben. Am Anfang eurer Partnerschaft standen noch Fragen wie »Lieben wir uns auch wirklich?« oder »Ist das auch der richtige Partner für mich?« im Mittelpunkt. Nun kennt ihr die Antwort und habt sie heute auch vor allen Gästen mit einem einzigen Wort bekräftigt: »Ja.«

Dafür werden nun andere Fragen und Probleme auf euch zukommen. Ihr müsst darauf achten, dass die Routine und die Gewohnheit des Ehealltags eure Liebe nicht auffressen. Und ihr müsst euch bewusst sein, dass jede Entscheidung, die ihr von nun an trefft, nicht mehr nur einen von euch betrifft. Doch dafür bekommt ihr auch sehr viel geschenkt: Ihr habt versprochen, in guten wie in schlechten Zeiten zueinander zu halten und füreinander da zu sein. Ein Partner, der zu einem steht und immer für einen da ist, ist ein kostbares Geschenk, das ihr nie für selbstverständlich halten dürft. Und ihr wisst nun auch, dass es da jemanden gibt, der euch so sehr liebt, dass er sein ganzes Leben mit euch verbringen will: Auch dies ist ein Geschenk, das ihr nicht ausschlagen solltet. Anders als im Film ist eine Hochzeit im wahren Leben eben ganz und gar kein Schlusspunkt, sondern Ausgangspunkt für viele wunderschöne gemeinsame Erfahrungen.

Doch wie in Goethes Komödie oder in einer modernen Liebesschnulze musstet auch ihr einige Hindernisse im Laufe eurer Beziehung überwinden. Da war zuerst einmal die Fernbeziehung, die ihr anfangs noch führen musstet. Von Hamburg nach München – das ist nun mal kein Katzensprung. Damals war es sicher nicht einfach, sich unter diesen Bedingungen richtig kennen zu lernen. Doch hattet ihr das Glück, die Wochenenden ganz für euch reservieren zu können. So habt ihr die knappe Zeit ganz intensiv miteinander verbracht. Schnell war es euch klar, liebe Sandra und lieber Michael, dass eure Beziehung etwas besonders Wertvolles war. Die ganzen Strapazen waren es wert. Und als Sandra dann endlich nach München zog, waren wohl nur zwei darüber traurig: die Telekom und die deutsche Bahn. Die müssen nun nämlich erhebliche Umsatzeinbußen verkraften. Doch auch als Sandra in München angekommen war, war nicht plötzlich alles eitel Sonnenschein. Ihr neuer Job hielt nicht das, was er versprochen hatte, und auch ihre Hamburger Freunde fehlten ihr sehr. Kein Wunder, dass sie manchmal das Gefühl hatte, für Michael ihr ganzes Leben aufgegeben zu haben! Michael stand ihr in diesen schwierigen Tagen mit viel Verständnis bei und gemeinsam erkannten sie, dass es sich lohnte, für ihre Beziehung zu kämpfen. Sandra fand bald einen besseren Job und neue Freunde. Und wenn mich nicht alles täuscht, schleicht sich ab und zu der Hauch eines bayerischen Akzents in ihre hanseatische Ausdrucksweise ein!

In einem Punkt muss ich dem Dichterfürsten allerdings ganz erheblich widersprechen: Goethe meinte: »Wenn der Vorhang wieder aufgeht, mag man gern nichts weiter [von der Ehe] sehen noch hören.« Das stimmt ganz und gar nicht. Ihr beide seid zwar jetzt verheiratet, doch möchte ich euch trotzdem weiterhin gerne sehen und von euch hören. Ich will wissen, wie eure Geschichte weitergeht. Ich will sehen, wie aus dem Happyend ein Happystart in eine glückliche Zukunft wird. Und ich will hören, wie eines Tages statt Madonna oder Robbie Williams Babygeschrei in eurer Wohnung erschallt.

Liebe Sandra, lieber Michael, ich wünsche euch ganz viel Glück für eure Zukunft. Darauf wollen wir nun alle unsere Gläser erheben und anstoßen. Auf die Ehe von Sandra und Michael!

Die Großmutter der Braut spricht aus Erfahrung

Liebe Sabine, lieber Frank, liebe Hochzeitsgäste,
wie wohl jeder verheiratete Gast muss ich heute ganz unweigerlich an meine eigene Hochzeit zurückdenken. Über 50 Jahre liegt sie nun schon zurück. Auch die Hochzeit meiner eigenen Tochter, Sabines Mutter, ist mir noch deutlich vor Augen. Und nun hat also meine Enkelin diesen großen Schritt gewagt und ist Franks Ehefrau geworden. Meine kleine Sabine, an deren Geburt ich mich noch so deutlich erinnern kann. Wo sind nur all die Jahre geblieben?

Wenn ich dich heute so anschaue, liebe Sabine, so fällt mir auf, wie glücklich du aussiehst. Du bist dir absolut sicher, dass du in Frank den Mann fürs Leben gefunden hast und dass euch beide nichts und niemand auseinander bringen kann. Und wenn ich dann zu Frank schaue, so sehe ich, dass er deine Empfindungen teilt. Dass auch du für ihn die Frau bist, mit der er sein restliches Leben verbringen möchte. Und dass auch er sich seiner Gefühle absolut sicher ist.

Bei meiner eigenen Hochzeit war das ein wenig anders: Natürlich war auch ich bis über beide Ohren in deinen Großvater verschossen, liebe Sabine, doch im Grunde genommen kannten wir uns kaum. Damals war es ja noch nicht möglich, einfach so zusammen in die Disco zu gehen oder gar zusammen Urlaub zu machen. Wenn dein Großvater mich einmal ins Kino ausführen wollte, so musste ich stets noch eine Freundin als »Aufpasserin« mitnehmen. Und dein Großvater zeigte sich bei diesen Anlässen natürlich stets von seiner Schokoladenseite. Besonders wenn meine Eltern dabei waren. Wie er im Alltagsleben war, das wusste ich bei unserer Heirat nicht. Liebe Sabine und lieber Frank, ich beneide euch darum, dass ihr vor eurer Hochzeit schon eine Zeit lang zusammenleben und so den Alltag erproben konntet. Dass ihr Gelegenheit hattet, euch erst einmal unbeschwert kennen zu lernen, bevor ihr euch zur Hochzeit entschlossen habt. Ihr wisst genau, auf wen ihr euch da einlasst, und kauft nicht etwa die berühmte Katze im Sack.

Und besonders du, liebe Sabine, hast heute ja auch viel mehr Möglichkeiten. Als ich deinen Großvater heiratete, war es noch selbstverständlich, dass ich meinen Beruf aufgab, denn ich hatte ja jetzt einen »Versorger«. Was ich eigentlich wollte, das spielte damals keine Rolle. Vom Tag meiner Heirat an war ich eben Hausfrau und kurze Zeit später auch Mutter. Du, liebe Sabine, arbeitest ganz normal weiter und auch wenn du einmal Kinder haben solltest, bist du nicht mehr automatisch an das Haus gefesselt. Die Zeiten haben sich eben geändert. Und die Männer mit ihnen! Frank sieht sich nicht mehr als Versorger, sondern als Partner, der auch schon einmal im Haushalt hilft. Ich alte Frau musste richtig schmunzeln, als ich neulich bei euch zum Kaffee war und Frank wie selbstverständlich den Tisch gedeckt hat. Zu meiner Zeit wäre das noch undenkbar gewesen.

Doch trotz allem muss ich sagen, dass auch ich bei meiner Wahl Glück hatte, denn dein Großvater behielt seine Schokoladenseiten auch nach der Hochzeit bei. Und nun sind wir schon über 50 Jahre verheiratet!

Im Laufe dieser Zeit habe ich viel über meinen Mann, aber auch über die Ehe gelernt. Von diesen Erfahrungen würde ich nun gerne die eine oder andere an euch weitergeben und euch mit Rat und Tat in eurer jungen Ehe beistehen. Doch ich weiß, wie ihr jungen Leute seid. Da heißt es: »Ach Oma, heute ist das alles doch ganz anders« oder »Nur weil das bei dir so war, muss es bei uns noch lange nicht auch so sein.« Und irgendwie habt ihr dabei auch Recht. Die Zeiten ändern sich nun einmal und jedes Paar muss seinen eigenen Weg gehen. Seine eigenen Erfahrungen mit der Ehe machen. Aber trotzdem, liebe Sabine und lieber Frank: Wenn ihr einmal wissen möchtet, wie wir es geschafft haben, über 50 Jahre miteinander glücklich zu sein, so könnt ihr mich jederzeit fragen.

Ein kleines Geheimnis will ich euch jedoch schon heute anvertrauen. Und ich bin nicht die Erste, die dies erkannt hat. Marie von Ebner-Eschenbach hat nämlich einmal gesagt: »Ehen werden im Himmel geschlossen, aber dass sie gut geraten, darauf wird dort nicht gesehen.« Genau das ist nun eure Aufgabe. Ihr müsst jeden Tag darauf sehen, dass eure Ehe auch gut gerät. Mit der heutigen Heirat ist euer Glück nämlich leider nicht ein für alle Mal besiegelt. So wie ihr es bisher getan habt, so müsst ihr auch weiterhin für euer Glück kämpfen und es vor den Sorgen des Alltags verteidigen. Das wird nicht immer einfach sein, doch es lohnt sich. Wie sehr, könnt ihr an den beiden alten Leutchen hier sehen.

Nun wünsche ich euch beiden, liebe Sabine, lieber Frank, das Allerbeste für eure gemeinsame Zukunft. Seid immer so glücklich und zufrieden wie am heutigen Tag und habt immer vor Augen: Eines hat sich im Laufe der Jahre und Jahrhunderte nicht geändert und wird sich wohl auch niemals ändern: die Kraft der Liebe. Alles Gute, Sabine und Frank!

Die beste Freundin der Braut spricht

Liebe Nina, lieber Tobias, liebe Bekannte und Unbekannte,
Nina und ich kennen uns schon aus dem Sandkasten und im Laufe dieser Jahre hat mir meine beste Freundin bereits den einen oder anderen potenziellen Ehemann vorgestellt. Der erste war Captain Future. Dieser Mann war groß, stark und intelligent und konnte sich aus jeder noch so ausweglosen Situation befreien. Leider war Captain Future der Held einer Zeichentrickserie und stand somit für Nina nicht zur Verfügung. Der Nächste war Andi aus der Parallelklasse, der den Zauberwürfel in drei Minuten perfekt zusammensetzen konnte. Und auch Andi hätte Nina wohl sofort geheiratet – wenn, ja wenn man mit zehn Jahren schon heiraten dürfte. Im Nachhinein war es jedoch ganz gut, dass die beiden damals nicht geheiratet haben, denn nicht viel später legte sich Andi ein BMX-Rad zu und fand alle Mädchen »doof«. Auch Nina. Und so fanden eben auch wir fortan alle Jungs doof, die realen jedenfalls. Stattdessen träumten wir lieber von einer Zeit, in der Ritter auf weißen Pferden um hübsche Jungfern – sprich: um uns – kämpften. Natürlich würden wir nur die allerbesten und allerschönsten Bewerber erhören. Unglaublich stark und tapfer mussten sie sein und uns gegen alle feindlichen Angriffe – damit waren wohl unsere Lehrer gemeint – verteidigen. Gedichte sollten sie rezitieren, uns auf Händen tragen und auf Rosen betten. Mit ihrem edlen Ritter wollte Nina dann auf einem Märchenschloss leben, natürlich mit einer ganzen Schar blond gelockter Kinder. Und wenn sie nicht gestorben sind, so leben sie noch heute … Vorsorglich nahm Nina sogar schon einmal Reitstunden, damit sie später mit ihrem Auserwählten in den Sonnenuntergang galoppieren konnte. Und außerdem konnte man ja nie wissen, ob sich der Stallbursche nicht vielleicht als verkleideter Prinz entpuppte … Dass Nina auch heute noch eine begeisterte Reiterin ist, würde mir da schon etwas zu denken geben, lieber Tobias … Aber zu dir kommen wir später!

Auf diesen imaginären edlen Ritter folgten dann in mehr oder weniger regelmäßigem Wechsel allerlei süße Jungs aus den oberen Klassen, aus der Tanzstunde, Tom Cruise, der gut aussehende Englischlehrer oder Brad Pitt. Alles ideale Heiratskandidaten – doch hatten sie leider auch eines gemeinsam: Sie waren unerreichbar oder wollten zumindest nichts von Nina wissen. Natürlich gab es zwischendurch auch den einen oder anderen realen Mann in Ninas Leben. Doch verhielt es sich mit ihnen genau umgekehrt wie mit dem Froschkönig aus dem Märchen: Nina küsste einen vermeintlichen Prinzen und der verwandelte sich prompt in einen hässlichen Frosch.

Bis dann Tobias kam. Nicht auf einem weißen Pferd, sondern ganz normal zur Tür herein, auf der Geburtstagsparty einer gemeinsamen Bekannten. Auch nicht in einer glänzenden Rüstung, sondern ganz banal in Jeans und T-Shirt. Tobias rezitierte auch keine Gedichte, um Ninas Gunst zu gewinnen, sondern schüttete ihr ganz profan ein Glas Sekt über die Bluse. Und was machte meine sonst so temperamentvolle beste Freundin? Anstatt diesem »Loser« gehörig die Meinung zu sagen, nahm sie seine Einladung ins Kino an! »Ich weiß auch nicht, warum ich das gemacht habe, aber irgendwie finde ich ihn süß«, gestand sie mir ein wenig später. Eigentlich hätte ich schon hellhörig werden müssen, als sie mir nach dem Kinobesuch erzählte, sie hätte sich bei »Notting Hill« gar nicht richtig auf Hugh Grant konzentrieren können – nur weil Tobias neben ihr saß! In den nächsten Tagen und Wochen tauchte der Name Tobias dann plötzlich in jedem zweiten Satz auf, den Nina von sich gab. Statt einem »ich« bekam ich immer häufiger ein »wir« zu hören. Und natürlich hatten sämtliche Männer, die ihr von da an im wahren Leben oder auf der Kinoleinwand begegneten, überhaupt keine Chance mehr gegen »ihren« Tobias! Mit der Zeit lernte auch ich Tobias besser kennen. Nie werde ich Ninas strahlende Augen vergessen, als ich ihr sagte, dass ihr Traumprinz auch dem kritischen Blick der besten Freundin ohne weiteres standhielt. Dass Tobias allerdings tatsächlich Ninas Traumprinz ist, wurde mir auf einer Radtour klar. An einem schönen Sommertag radelten Nina, Tobias, mein damaliger Freund Johannes und ich in die westlichen Wälder. Ich betrachtete das vor mir radelnde Paar und stellte fest, dass ich mir Nina gar nicht mehr ohne Tobias vorstellen konnte. Dass die beiden zusammen waren, schien mir die natürlichste Sache auf der ganzen Welt. Und ich war auch überhaupt nicht eifersüchtig darauf, dass Nina nun so viel Zeit mit Tobias verbrachte, ganz im Gegenteil: Ich mochte diese fröhliche und glückliche Nina, die trotz aller Verliebtheit immer noch Zeit für ihre beste Freundin hatte. Und noch etwas konnte ich bei dieser Radtour beobachten: Dass Tobias ebenso viel für Nina empfand wie sie für ihn. Die beiden gingen so liebevoll miteinander um und in ihren Augen lag ein ganz besonderer Glanz. Dass ich mich kurz darauf von meinem Freund Johannes trennte, weil mir in unserer Beziehung etwas zu fehlen schien, hängt übrigens auch mit diesem Ausflug zusammen. Doch das ist eine ganz andere Geschichte …

Kurz danach erzählte ich Nina von meinen Gefühlen und Beobachtungen auf dieser Radtour und folgerte: »Du hast mit Tobias wirklich das große Los gezogen.« Und Nina sagte darauf nur: »Ja, das habe ich.« Deshalb hat es mich gar nicht allzu sehr überrascht, als Nina und Tobias vor ein paar Wochen an einem verregneten Sonntag bei mir aufkreuzten und mit strahlender Miene erklärten: »Wir heiraten!« Für mich war das seit dieser Radtour klar gewesen. Und ich denke, jeder, der heute hier ist, kann sehen, dass diese beiden Menschen einfach zusammengehören. Ich kann heute nur meine damaligen Worte wiederholen: Nina, du hast mit Tobias wirklich das große Los gezogen. Und Tobias, auch du hast mit Nina das große Los gezogen. Mit anderen Worten: Mit eurer Hochzeit habt ihr euch heute den Hauptgewinn abgeholt. Ich wünsche euch alles, alles Gute für eure Zukunft!

Der Chef hält eine Rede

Liebes Brautpaar, liebe Hochzeitsgäste,
auch ich als Chef des frisch gebackenen Ehepaares möchte gerne ein paar feierliche Worte sagen, denn schließlich ist es sozusagen meine Schuld, dass wir alle heute hier versammelt sind. Ich habe nämlich vor rund zwei Jahren eine junge Lektorin in unserem Verlag eingestellt, die Sie alle sehr gut kennen: unsere Braut Martina Engel. In den sechs Monaten ihrer Probezeit schaffte es

Frau Engel mühelos, ihre Vorgesetzten durch ihre Leistung und ihre freundliche Art zu beeindrucken. Doch ihr gelang noch etwas ganz anderes: Unseren geschätzten Kollegen und Marketingleiter Rainer Hansen beeindruckte sie noch viel mehr, nämlich gleich so sehr, dass die beiden heute hier den Bund fürs Leben geschlossen haben. An der Arbeitsstelle blieb diese aufkeimende Liebe zunächst unbemerkt, so diskret verhielt sich das junge Paar. Privatleben und Berufsleben blieben absolut getrennt. Nicht einmal ich als notorisch neugieriger Chef bekam etwas von dem jungen Glück mit. Umso größer war dann die Überraschung, aber auch die Freude, als die beiden die Katze aus dem Sack ließen. Wir wussten gar nicht, dass unser Verlag zu so viel Romantik anregt!

Da Sie beide, liebes Brautpaar, täglich mit Büchern in allen Produktionsstufen zu tun haben, wissen Sie sehr gut, dass heute ein neues Kapitel im Buch Ihres Lebens beginnt. Wenn Sie zurückblättern, so finden Sie in den vorhergehenden Kapiteln zwei Geschichten, die unabhängig voneinander beginnen, sich schließlich jedoch bald überlappen und verweben, bis sie sich schließlich zu einer einzigen Geschichte vereinigen. Noch sind die Seiten dieses neuen Kapitels leer. Im Laufe der Tage, Monate und Jahre werden sie sich jedoch mit den unterschiedlichsten Worten, Erinnerungen und Erlebnissen füllen. Nicht immer werden Sie dabei nur zu lachen haben, doch hoffen wir alle, dass in diesem Buch die fröhlichen Momente überwiegen. Wenn Sie, liebe Frau Engel, lieber Herr Hansen, dann in vielen Jahren Ihr persönliches Buch zur Hand nehmen und Ihr Leben Revue passieren lassen, wird auch unser Verlag ein kleines Kapitel darin einnehmen. Ich hoffe, dass Sie dieses Kapitel immer gerne lesen werden, liebes Brautpaar.

Da ich ein altes Gewohnheitstier bin, freue ich mich, dass Frau Engel uns ihre Heirat so leicht wie möglich gemacht hat: Da sie sich entschlossen hat, ihren Mädchennamen beizubehalten, müssen wir uns nicht einmal an einen neuen Namen gewöhnen oder unsere Mailprogramme ändern.

Im Namen aller Mitarbeiter und Kollegen wünsche ich Ihnen, liebe Frau Engel, lieber Herr Hansen, alles erdenklich Gute für Ihre gemeinsame Zukunft. Ich wünsche Ihnen, dass Sie die Ziele, die Sie sich für Ihr Leben gesteckt haben, erreichen und dass Sie unserem Verlag noch lange erhalten bleiben. Alles Gute für die Zukunft!

Der Brautvater spricht auf der Hochzeit seines ausländischen Schwiegersohnes

Liebe Tanja, lieber John, liebe Hochzeitsgäste,
lasst uns einmal ganz ehrlich sein: Woran denken wir, wenn wir das Wort Schottland hören? An Männer in Röcken, die Dudelsack spielen? An das Ungeheuer von Loch Ness? An nicht enden wollenden Dauerregen? Oder gar an die unzähligen Witze, in denen die Schotten nur einen Charakterzug besitzen, nämlich unbeschreiblichen Geiz?

Solche Vorurteile hatten auch meine Frau und ich, als uns Tanja vor rund vier Jahren erzählte, dass sie ein Semester in Schottland studieren wolle. »Warum denn ausgerechnet dort? Englisch kannst du doch auch in London lernen. Oder warum gehst du nicht lieber nach Oxford?«, fragten wir damals verständnislos. Nein, Edinburgh musste es sein. Unsere Tochter hatte eben schon immer ihren eigenen Willen und den setzte sie auch dieses Mal durch.

Schweren Herzens ließen wir sie gehen, zum ersten Mal zog unsere Kleine alleine in die große weite Welt hinaus. Natürlich machten wir uns Sorgen. Ob Tanja nicht doch schreckliches Heimweh bekommen würde? Doch das Gegenteil war der Fall. Unsere Tochter schrieb uns begeisterte Briefe, in denen sie von der Schönheit des Landes und der Offenheit und Freundlichkeit seiner Bewohner schwärmte. Und diese schienen rein gar nichts mit den Klischees vom geizigen Schotten zu tun zu haben. Auch mit ihren Mitbewohnern hatte sie wohl Glück gehabt. John wurde in ihrem ersten Brief nur mit drei kurzen Sätzen erwähnt: »Außerdem wohnt in meiner WG noch John, der Jura studiert. Eigentlich ist er ganz nett, doch bekomme ich ihn nur selten zu Gesicht. Meistens verschanzt er sich nämlich hinter dicken juristischen

Wälzern in der Bibliothek«, schrieb Tanja damals. Na ja, ab und zu schien John dann doch hinter seinen Gesetzestexten hervorzukommen, denn sein Name tauchte in der nächsten Zeit immer häufiger in Tanjas Briefen auf. Mit John ging Tanja ins Kino, ins Theater oder in die Disco. Sogar einen Wochenendausflug auf die Isle of Skye unternahmen die beiden zusammen. Langsam wurden meine Frau und ich hellhörig. Ob da etwa was lief zwischen den beiden? Schließlich teilte uns Tanja am Telefon mit, dass ihrem einen Semester in Edinburgh noch ein zweites folgen würde. Dabei gab sie auch zu, dass John bei dieser Entscheidung eine wichtige Rolle spielte. Das war das Signal für meine Frau: Am nächsten Tag stürmte sie ins Reisebüro und buchte einen Flug nach Edinburgh. »Diesen John muss ich schon einmal genauer unter die Lupe nehmen!«, verteidigte sie ihre Aktion. Und sie kehrte ganz begeistert zurück. »Ein so netter junger Mann!«, schwärmte sie in den höchsten Tönen, »und er scheint unsere Tanja wirklich zu mögen!« Ich hatte mir sowieso keine allzu großen Sorgen gemacht, denn schließlich kenne ich dich lange genug, liebe Tanja, und weiß, dass ich dir und deinem Urteil vertrauen kann. Sorgen machten wir uns erst, als du aus Schottland zurückkamst, denn du musstest dein Studium ja in Deutschland beenden. So niedergeschlagen warst du damals, denn dein John fehlte dir so sehr. Da ihr damals beide noch studiert habt, war das Geld für Telefongespräche oder gar Flüge immer knapp. Doch konnten wir unsere Tochter so leiden sehen? Nein, da besserten wir ihren Kontostand schon einmal ein wenig auf, damit sie die Semesterferien in Schottland verbringen konnte. Und auch John war bei uns immer ein gern gesehener Gast. Trotzdem machten wir uns so unsere Gedanken: Ob die junge Liebe wohl einer solchen Distanz standhalten konnte? Doch schließlich hatte Tanja ihren Magister in der Tasche und am nächsten Tag saß sie bereits im Flugzeug nach Edinburgh. Deine Mutter und ich standen weinend am Flughafen, denn wir wussten, dass es dieses Mal ein Abschied für eine längere Zeit sein würde. Und tatsächlich: Du bekamst in Edinburgh einen Job als Deutschlehrerin und konntest nun endlich mit John zusammenleben. Natürlich fiel uns der Abschied schwer, doch waren wir gleichzeitig beruhigt, denn wir wussten, dass du bei John in den allerbesten Händen bist. Und wir merkten, wie glücklich ihr beide darüber wart, dass ihr nun endlich ein gemeinsames Leben beginnen konntet. Und Edinburgh liegt ja auch nicht auf dem Mond!

Im folgenden Sommer machten meine Frau und ich dann Urlaub in Schottland. Wir verbrachten ein paar Tage mit Tanja und John in Edinburgh und fuhren dann einige Zeit durch die herrlichen Highlands. Ich konnte bald verstehen, was meine Tochter an dieser herrlichen Landschaft so faszinierte – und wäre am liebsten selbst gleich dort geblieben. Zu guter Letzt verbrachten wir dann noch mit Tanja und John ein Wochenende bei Johns Eltern in Stirling. Und hier konnten wir die schottische Gastfreundschaft und Herzlichkeit von ihrer besten Seite erleben. Keine Spur von dem sprichwörtlichen Geiz, stattdessen wurden wir behandelt, als ob wir längst zur Familie gehörten. Deshalb konnten wir uns auch richtig freuen, als Tanja und John an diesem Abend bekannt gaben, dass sie heiraten wollten. Und kann sich jemand ein glücklicheres Paar als diese beiden vorstellen? Wir wissen heute, dass wir dich, liebe Tanja, nicht an ein fremdes Land verlieren. Vielmehr ist John eine echte Bereicherung für unsere Familie. Wir haben einen wunderbaren Schwiegersohn bekommen, dem das Glück unserer Tochter ebenso wichtig ist wie uns. Und wir haben die Gelegenheit, ein anderes Land so kennen zu lernen, wie es Touristen sonst nicht möglich ist. Wir können hinter all die Vorurteile und Stereotypen schauen, die sich in unser Denken eingeschlichen haben. Liebe Tanja, lieber John, wir waren ganz sicher nicht das letzte Mal bei euch zu Gast.

Ein Vorurteil hat John heute allerdings bestätigt: Wie ihr alle seht, trägt er tatsächlich einen Kilt. Doch ich kann euch beruhigen: Dieses festliche Gewand hat er nur für die heutige Hochzeitsfeier angelegt, im Alltag hat John dann doch wieder die Hosen an!

Liebe Tanja, lieber John, eure Beziehung war nicht immer einfach. Es gehört eine Menge Kraft dazu, eine Beziehung über eine so lange Distanz aufrechtzuerhalten. Doch ihr wusstet von Anfang an, dass ihr hier etwas hattet, für das es sich zu kämpfen lohnte. Und ich denke, alle, die heute hier sind, können dies nur bestätigen. Mit eurer heutigen Hochzeit habt ihr nicht nur eine

Verbindung zwischen zwei Menschen geschaffen, sondern auch zwischen zwei Völkern. Deshalb freue ich mich besonders, dass Johns Eltern Henry und Jane heute bei uns sind. Ich hoffe, dass die beiden sich in Deutschland bald ebenso wohl fühlen wie meine Frau und ich in Schottland.

Liebe Tanja, lieber John, ich wünsche euch, dass euer ganzes Leben so glücklich verläuft wie der heutige Tag. Lasst uns nun alle mit einem Glas schottischen Whiskey auf das Brautpaar anstoßen. Auf die Liebe, die keine Grenzen kennt! Auf Tanja und John!

Rede für die Hochzeit eines schon lange zusammenlebenden Paares

Liebe Anne, lieber Klaus, liebe Gäste,
»Was lange währt, wird endlich gut«, so lautet ein altes Sprichwort. Wer von uns hätte geglaubt, dass Klaus seine Anne doch noch zum Traualtar führen würde? Es grenzt ja schon fast an ein Wunder, lieber Klaus, dass dir Anne noch nicht davongelaufen ist! Immer wieder habe ich diesem Heiratsmuffel gesagt: »Du bist verrückt, wenn du Anne nicht heiratest! Worauf wartest du eigentlich noch? Los, mach ihr endlich einen Antrag!« Und immer wieder hatte er eine Ausrede parat. Erst hatte er keine Arbeit und damit kein Geld, dann wieder zu viel Arbeit und damit keine Zeit für eine Hochzeit. Und überhaupt, Hochzeiten seien ja sowieso altmodisch. Und Anne wüsste auch ohne Ring an ihrem Finger, dass Klaus sie liebe. Aber jetzt, lieber Klaus, hast du endlich auf deinen besten Freund gehört. Und ihr beide habt euch heute endlich das Jawort gegeben!

Was letztendlich den Ausschlag für diese Entscheidung gegeben hat, ist das Geheimnis von Anne und Klaus. Vielleicht war es ja das verflixte siebente Jahr, das die beiden gerade gut hinter sich gebracht hatten? Vielleicht dachten sie sich: »Gut, wenn wir das überstanden haben, kann uns nichts mehr trennen!« Vielleicht waren sie aber auch nur so genervt von den ständigen Fragen ihrer Freunde und Verwandten. Schließlich wollten wir bei jeder nur möglichen Gelegenheit wissen: »Wann ist es denn endlich so weit? Wann heiratet ihr?« Oder vielleicht haben sie einfach gemerkt, dass eine Hochzeit ganz und gar kein alter Zopf ist! Dass es nichts Romantischeres gibt, als wenn zwei Menschen sich vor der ganzen Welt zueinander bekennen. Dass sie bezeugen, dass ihre Beziehung mehr ist als eine flüchtige Vereinbarung, die von einem Tag auf den anderen wieder gelöst werden kann. Und dass sie der ganzen Welt zeigen wollen: »Wir gehören zusammen und uns kann nichts mehr auseinander bringen!« Was auch immer der Grund für diese Entscheidung war, die beiden verraten es nicht. Auf mein Bohren hin erklärte Klaus nur: »Wir wollten einfach einmal ein richtig großes Fest feiern!« Und ist das nicht auch ein schöner Grund?

Das Sprichwort vom Anfang dieser Rede – »Was lange währt, wird endlich gut« – trifft bei euch ja eigentlich gar nicht zu. Denn »gut« war es bei euch von Anfang an. Mir war jedenfalls schnell klar, dass du, liebe Anne, für Klaus mehr bist als nur ein flüchtiges Abenteuer. Dass sich hier zwei Menschen gefunden haben, die offensichtlich füreinander bestimmt sind. Und da war ich, glaube ich, nicht der Einzige. Dieser Eindruck bestätigt sich heute. Wenn ich euch so anschaue, kann ich mir kaum vorstellen, dass eure Beziehung schon acht Jahre auf dem Buckel hat. Für mich wirkt ihr immer noch wie ein frisch verliebtes Paar!

Als bester Freund des Bräutigams müsste ich Anne jetzt eigentlich etwas über Klaus erzählen und ihr verraten, auf wen sie sich da eingelassen hat. Doch vermutlich kennst du diesen Spitzbuben längst besser, als ich das je getan habe. Du weißt ganz genau, was auf dich zukommt und wirst keine unangenehmen Überraschungen erleben. »Drum prüfe, wer sich ewig bindet«, das hat schon Schiller geraten und ihr beide habt diesen Rat auch ausgiebig befolgt. Und nun seid ihr euch sicher, dass ihr den Rest eures Lebens miteinander verbringen wollt. Dabei wünsche ich euch alles Glück dieser Welt.

Liebe Anne, lieber Klaus, ihr wolltet also einfach einmal ein großes Fest feiern, und das lassen wir uns natürlich nicht zweimal sagen: Wir feiern gerne mit! Wir freuen uns mit euch, dass ihr nun endlich auch offiziell »Ja« zueinander gesagt habt. Ich wünsche euch, dass eure Liebe noch mindestens weitere sieben mal sieben Jahre Bestand hat. Eine Bitte habe ich allerdings auch noch: Lasst euch mit den Kindern nicht wieder so lange Zeit, denn sonst seid ihr alt und grau! Liebe Hochzeitsgäste, auf das Paar, das sich heute endlich getraut hat!

Dankesrede des Bräutigams

Liebe Familie, liebe Freunde,
erst vier Stunden und fünfzehn Minuten bin ich nun mit Johanna verheiratet und beinahe hätte es schon den ersten Ehekrach gegeben. Johanna meinte nämlich, ich sollte auch ein paar Worte zu euch sagen. Ich dagegen wollte mich nicht schon wieder in den Mittelpunkt drängen, denn schließlich habe ich eure Aufmerksamkeit heute schon mehr als genug in Anspruch genommen. Aber meine Frau ist nicht nur wunderschön, sondern auch klug, und so musste ich einfach nachgeben. Ich kann ihr eben keinen Wunsch abschlagen.

Als wir unsere Hochzeit planten, haben wir uns für ein großes Fest entschieden, weil wir unsere Freude mit allen Menschen teilen wollten, die uns lieb sind. Am liebsten hätten wir ganz Hannover zu dieser Feier eingeladen, denn schließlich soll jeder sehen, wie glücklich wir sind! Doch wer hätte eine so große Hochzeitstorte backen sollen? Deshalb haben wir uns für die Menschen entschieden, die uns ganz besonders am Herzen liegen – und das seid ihr, liebe Gäste. Es bedeutet uns sehr viel, dass ihr eure Zeit geopfert habt, um den heutigen Tag mit Johanna und mir zu verbringen. Nicht einmal die weite Anreise konnte euch schrecken. Herzlichen Dank, dass ihr so zahlreich erschienen seid!

Ganz besonderer Dank gilt auch unseren Familien und Freunden, die bei der Organisation des Festes geholfen haben. Ohne euch hätten wir das nie geschafft! Ganz klar, dass ihr dabei auch an euer eigenes Vergnügen gedacht habt. Johanna und ich hätten uns nämlich nicht freiwillig mit Reiskörnern bewerfen lassen! Wir sind wirklich überwältigt, was ihr alles auf die Beine gestellt habt und werden diesen Tag ganz bestimmt niemals vergessen.

Und natürlich möchten wir uns auch für die Geschenke bedanken, die ihr uns so zahlreich mitgebracht habt. Wie ihr wisst, sind wir sehr neugierig und würden am liebsten gleich alles auspacken. Doch wollen wir euch nicht ganz alleine feiern lassen und halten uns daher noch bis morgen zurück.

Und nun will ich nicht weiter eure Aufmerksamkeit stehlen und euch in Ruhe weiterfeiern lassen. Ich wünsche euch allen ein unvergessliches Fest!

Der Bräutigam spricht zur Braut

Liebe Gäste,
ihr werdet es mir hoffentlich verzeihen, wenn ich nun das Wort an mich reiße und ein paar Worte an die wichtigste Person des heutigen Tages, ja sogar meines ganzen Lebens richte: an meine Ehefrau. Denn wenn es sie nicht gäbe, säßen wir heute nicht alle hier so fröhlich beisammen.

Liebe Steffi,
ich kann es noch gar nicht fassen, dass wir seit genau drei Stunden und 22 Minuten verheiratet sind. Heiraten, das war für mich immer etwas, das die anderen tun, die Großen, die Erwachsenen. Dabei wusste ich schon, als ich dich zum ersten Mal sah: »Die oder keine!« Bei dir hat es etwas länger gedauert, doch kann ich dir das verzeihen. Schließlich sah ich bei unserem ersten Treffen nicht gerade vorteilhaft aus. Ich hatte nämlich gerade eine Autopanne und war von oben bis unten mit Öl und Dreck verschmiert. Dass du einen zweiten Blick gewagt und unter diese Schmutzschicht geschaut hast, dafür möchte ich dir danken.

Es fällt mir schwer, in Worte zu fassen, was ich für dich empfinde. Deshalb möchte ich auf das »Liebes-Lied« des Dichters Rainer Maria Rilke zurückgreifen:

Wie soll ich meine Seele halten, dass sie nicht an deine rührt?
Wie soll ich sie hinheben über dich zu andern Dingen?
Ach gerne möchte ich sie bei irgendwas Verlorenem im Dunkel
    unterbringen

an einer fremden stillen Stelle, die nicht weiterschwingt,
wenn deine Tiefen schwingen.
Doch alles, was uns anrührt, dich und mich,
nimmt uns zusammen wie ein Bogenstrich,
der aus zwei Saiten eine Stimme zieht.
Auf welches Instrument sind wir gespannt?
Und welcher Geiger hat uns in der Hand?
O süßes Lied.

Meine liebe Steffi,
auf welches Instrument wir gespannt sind, ist nicht wichtig. Vor allem kommt es darauf an, dass wir beide dieselbe Melodie spielen. Dass wir uns von gelegentlichen Dissonanzen nicht aus dem Takt bringen lassen. Und dass keiner von uns das Liebes-Lied je verstummen lässt.

Du hast mich heute zum glücklichsten Mann der Welt gemacht. Dafür danke ich dir von ganzem Herzen. Ich freue mich auf unsere gemeinsame Zukunft und hoffe, dass wir jeden Tag so glücklich sind wie heute.

Liebe Verwandte, liebe Freunde, ich bitte euch nun, mit mir zusammen das Glas zu erheben und meine wunderbare Frau hochleben zu lassen. Danke, liebe Steffi!

Der Sohn der Braut spricht bei der zweiten Eheschließung seiner Mutter

Liebe Mutti, lieber Werner, liebe Hochzeitsgäste,
wohl die wenigsten Kinder werden je in die Lage kommen, auf der Hochzeit ihrer eigenen Mutter eine Rede halten zu dürfen. Meist sind sie zu diesem Zeitpunkt noch gar nicht geboren oder zu klein, um etwas Sinnvolles zu sagen. Auch ich hätte mir nie im Leben träumen lassen, dass ich einmal auf deiner Hochzeit sprechen würde, liebe Mutti.

Und es war für mich zunächst auch gar nicht leicht zu akzeptieren, dass du Werner heiraten würdest. Sicher, deine Ehe mit meinem Vater konnte man nicht gerade als glücklich bezeichnen. Die Zeit der Trennung und Scheidung war für uns beide nicht einfach. Manchmal schien es mir, als würde ich dich nie wieder lachen sehen. Doch trotz allem war dieser Mann doch mein Vater! Mir schien es, als sollte ihn deine Hochzeit mit Werner nun endgültig aus unserem Leben streichen. Doch heute weiß ich, dass er immer mein Vater bleiben wird und dass du einen Neuanfang verdient hast. Und mit welchem Mann könnte dir dieser Neuanfang besser gelingen als mit Werner!

Es ist eine Ironie des Schicksals, dass wir uns kurz nachdem mein Vater auszog, einen Spaniel namens Tommy zulegten. Er sollte wohl die Lücke füllen, die mein Vater hinterlassen hatte. Und als Mutti eines Tages mit Tommy im Englischen Garten spazieren ging, verguckte sich unser Hund in eine hübsche Pudeldame namens Helena. Während die Vierbeiner in den folgenden Tagen und Wochen ihre neue Freundschaft festigten, knüpfte meine Mutter zarte Bande zu Helenas Herrchen, einem gewissen Werner. Und so nahm die Geschichte ihren Lauf …

Eines kann ich dir nun verraten, liebe Mutti: Es ist für einen jungen Mann von 20 Jahren nicht leicht zu ertragen, wenn sich seine Mutter plötzlich wie ein verliebter Teenager benimmt. Wenn sie sich sorgfältig zurechtmacht, nur um mit dem Hund Gassi zu gehen. Wenn sie stundenlang das Bad blockiert, um sich für eine Verabredung schön zu machen. Wenn sie nur ein Gesprächsthema namens Werner kennt. Und wenn sie erst nachts um eins oder sogar überhaupt nicht nach Hause kommt! Das war für mich als Sohn eine ungewohnte Erfahrung. Ich machte mir schon Sorgen, denn schließlich wusste ich ja nicht, mit wem du dich da herumtreibst. Doch als ich Werner dann kennen lernte, waren diese Sorgen wie weggeblasen. Könnte man sich einen besseren Mann für seine Mutter wünschen? Auf einmal warst du so glücklich, wie ich dich nach der Trennung von meinem Vater noch nie gesehen hatte. Die lange Zeit der Zweifel war endlich vorüber. Du vergrubst dich nicht länger in deiner Arbeit, sondern begannst wieder, das Leben in vollen Zügen zu genießen. Unser Hund hatte anscheinend einen wirklich guten Riecher gehabt!

Später hat mir Werner einmal erzählt, dass du, liebe Mutti, dich von ihm getrennt hättest, wenn wir Männer uns nicht verstanden hätten. Einerseits freut es mich, dass ich dir so wichtig bin, doch würde ich ganz bestimmt niemals deinem Glück im Wege stehen. Schließlich hast du nicht irgendeinen Mann angeschleppt, sondern Werner. Und dass ihr beide füreinander bestimmt seid, sieht sogar ein Blinder. Ich hätte also überhaupt keinen Grund gehabt, gegen eure Beziehung zu sein. Und deshalb stehe ich heute hier und wünsche euch viel Glück für eure gemeinsame Zukunft.

Der englische Schriftsteller Samuel Johnson hat einmal gesagt: »Die zweite Ehe ist der Triumph der Hoffnung über die Erfahrung.« Ich freue mich, liebe Mutti, dass dich auch die schlechten Erfahrungen aus deiner ersten Ehe nicht von einem zweiten Versuch abgehalten haben. Dass du trotzdem noch an die große Liebe glaubst. Dass du die Hoffnung nicht aufgegeben hast, doch noch einen Partner fürs Leben zu finden. Und dass diese Hoffnung heute so sehr triumphiert, dass ihr beide euch das Jawort gegeben habt.

Ich wünsche euch, liebe Mutti und lieber Werner, dass sich all eure Hoffnungen bestätigen und dass all eure Träume in Erfüllung gehen. Darauf wollen wir nun alle gemeinsam anstoßen. Auf das Brautpaar!

Ein Trauzeuge spricht zur zweiten Eheschließung seines guten Freundes

Liebe Christa, lieber Peter, liebe Hochzeitsgäste,
»Aller guten Dinge sind zwei« – so könnte man heute ein bekanntes Sprichwort abwandeln. Denn, wie wir alle wissen, traut sich mein guter Freund Peter am heutigen Tag bereits zum zweiten Mal.

Ich kenne den lieben Peter nun schon seit unserer gemeinsamen Schulzeit. Wenn sich etwas wie eine Konstante durch Peters Leben gezogen hat, dann die Tatsache, dass ihm wichtige Dinge immer erst beim zweiten Anlauf gelangen. Das begann schon, als wir zehn Jahre alt waren und das Freischwimmerabzeichen erringen wollten. Damals scheiterte der liebe Peter am Tauchen, erst nach dem zweiten Versuch konnte er sich das begehrte Abzeichen auf seine knallrote Badehose aufnähen lassen. Beim Führerschein war es nicht anders. Eine ebenso knallrote Ampel stellte sich unserem Möchtegern-Rennfahrer in den Weg und ließ ihn durch die Prüfung rasseln. Er musste erst noch etwas Zeit und noch viel mehr Geld investieren, bis er endlich den heiß ersehnten Lappen in den Händen hielt. Im Jahr danach stand dann das Abitur an. Und wer scheiterte – ganz knapp zwar – an der hohen Kunst der Mathematik? Unser Peter! Eine Ehrenrunde musste er drehen, doch dann klappte es auch hier. Ist es da nicht verständlich, dass ich bei seiner ersten Hochzeit ein flaues Gefühl im Magen hatte? Auch wenn ich das Peter damals natürlich nie verraten hätte!

Und nun schließt unser Peter also zum zweiten Mal den Bund fürs Leben. Wenn er sich selbst treu bleibt, gelingt ihm auch dies beim zweiten Mal nun mühelos. Peter hat dazu ja auch die allerbesten Voraussetzungen: Wie beim Freischwimmer, bei der Führerscheinprüfung und beim Abitur ist er jetzt besser vorbereitet. Er hat aus den Fehlern seiner ersten Ehe gelernt und geht mit frischem Mut ans Werk. Aber eines ist nun ganz anders: Er ist bei dieser neuen großen Aufgabe nicht mehr auf sich alleine gestellt, sondern hat in dir, liebe Christa, eine wundervolle Partnerin gefunden. Du wirst ihm dabei helfen, dass dieser zweite Eheversuch ein voller Erfolg wird.

Zunächst deutete allerdings gar nichts darauf hin, dass es zu einer zweiten Eheschließung kommen würde. Anders als beim Freischwimmer, Führerschein und Abitur sagte Peter dieses Mal nämlich nicht: »Jetzt erst recht!« Nein, ganz im Gegenteil: Er gelobte sogar, nie wieder zu heiraten! »Die Ehe – das ist nichts für mich. Liebe hält nun mal nicht ewig«, so scheute unser gebranntes Kind das Feuer. Umso mehr Bewunderung gebührt dir, liebe Christa – dafür, dass du es geschafft hast, in Peter den Glauben an die Liebe wieder zu erwecken. Dass du ihn überzeugen konntest, dass auch die Ehe noch eine zweite Chance verdient hat. Und ich bin zuversichtlich, dass es dieses Mal auch ganz bestimmt klappt. Ihr könnt über dieselben Dinge lachen und habt ähnliche Vorlieben und Interessen. Fast könnte man sagen, hier haben sich zwei Menschen gesucht und gefunden. Und manche Menschen müssen eben einfach etwas länger suchen, nicht wahr, lieber Peter?

Liebe Christa, lieber Peter, ich wünsche euch viel Glück für die Zukunft. Lasst euch nicht von eurem gemeinsamen Weg abbringen. Auf dass eure Ehe ein voller Erfolg wird! Jetzt erst recht!

Rede des Sohnes zur silbernen Hochzeit seiner Eltern

Anmerkung: Diese Rede kann mit einigen Abänderungen auch zur goldenen Hochzeit gehalten werden.

Liebe Mama, lieber Papa, liebe Gäste,
25 Jahre – das sind 9 125 Tage, 219 000 Stunden oder 13 140 000 Minuten. Eine unvorstellbar lange Zeit. Länger als mein ganzes Leben. Und doch so furchtbar kurz, wenn man sie mit dem Alter unseres Universums vergleicht. Wenn man allerdings bedenkt, dass ein Mensch heute durchschnittlich 75 Jahre alt wird, so sind 25 Jahre durchaus eine lange Zeit. Ein Drittel eines durchschnittlichen Menschenlebens habt ihr, liebe Eltern, bereits miteinander verbracht.

Ob euch diese Zeitspanne nun kurz oder lang vorkommt, kann ich nicht sagen. Heute Morgen hast, du, liebe Mama, zu mir am Telefon gesagt: »25 Jahre bin ich schon verheiratet. Mir kommt es vor, als wäre es erst gestern gewesen.« So lebhaft könnt ihr beide von eurem Kennenlernen und eurer Hochzeit erzählen, dass es sogar mir vorkommt, als wäre ich damals dabei gewesen. Und dabei war ich noch nicht einmal geboren! Ja, wenn man euch so zuhört, könnte man tatsächlich glauben, ihr hättet gerade erst geheiratet.

Doch was ist in diesen 25 Jahren nicht alles passiert? Als ihr damals vor den Traualtar tratet, hatte Papa gerade sein Referendariat abgeschlossen und bekam seine erste Stelle als »richtiger Lehrer«. Und auch du, liebe Mama, hattest gerade erst zwei Jahre in deinem Beruf als Arzthelferin hinter dir. Erst jetzt seid ihr in eure erste gemeinsame Wohnung gezogen und habt es sicherlich erst einmal genossen, Tag und Nacht zusammen zu sein. Doch allzu lange dauerte die traute Zweisamkeit nicht. Nach knapp zwei Jahren gesellte ich mich zu euch und habe euch erst einmal gründlich den Schlaf geraubt. Zwei Jahre später kam dann meine Schwester Annika dazu, weitere drei Jahre darauf unser Nesthäkchen Sarah. Kurz darauf zogen wir auch aus unserer engen Mietwohnung in ein Reihenhaus mit Garten. Ich weiß noch genau, wie ich mich damals freute, endlich ein Zimmer für mich alleine zu haben! Die ganze Zeit über wart ihr uns fantastische Eltern und habt alle Wehwehchen gemeinsam mit uns durchgestanden: vom aufgeschlagenen Knie über die verhaute Mathearbeit bis hin zu Liebeskummer und Herzschmerz. Doch in all eurer Sorge um uns Kinder habt ihr euch und eure Liebe nie aus den Augen verloren. Im Gegensatz zu vielen meiner Freunde konnte ich mich glücklich schätzen, Eltern zu haben, die sich nicht ständig stritten, sondern fest zueinander und zu ihren Kindern hielten. Vermutlich lief auch bei euch nicht immer alles glatt. Doch vor uns Kindern habt ihr euch nichts anmerken lassen, wir lebten einfach in einer glücklichen Familie.

Nun habt ihr mit einer neuen Veränderung in eurem Leben zu kämpfen: Ich wohne ja schon seit zwei Jahren nicht mehr bei euch und auch Annika ist vor ein paar Monaten ausgezogen. Sarah macht gerade Abitur und möchte danach für ein Jahr nach Amerika gehen. Ich weiß, dass euch dieser langsame Abschied von euren Kindern nicht leicht fällt, auch wenn wir ja nicht aus der Welt sind. Papa hat mir vor kurzem erst erzählt, wie still es in unserem Haus nun sei. Keine »Kinder« mehr, die beim Essen von ihren Erlebnissen erzählen. Keine stundenlang blockierte Telefonleitung, keine Berge schmutziger Wäsche und keine dröhnende Popmusik!

Doch ich weiß auch, dass ihr diese Stille mit anderen Dingen füllen werdet. Obwohl ihr immer für uns da wart, wart ihr nie die Sorte Eltern, die nur für ihre Kinder gelebt haben. Ihr habt weiterhin eure Hobbys und euren Freundeskreis gepflegt. Und vor allem habt ihr euch eure Liebe zueinander bewahrt. Wie ich euch kenne, lasst ihr es jetzt richtig krachen! Morgen macht ihr damit schon einmal den Anfang und brecht in eure zweiten Flitterwochen auf. Vier Wochen wollt ihr mit dem Wohnmobil durch Australien reisen, und dabei wünsche ich euch viel Spaß!

Liebe Mami, lieber Papi, ich finde es toll, dass ihr es geschafft habt, 25 Jahre verheiratet zu bleiben und dabei glücklich zu sein. Immerhin wird heute jede dritte Ehe geschieden, da ist es schon fast ein Wunder, dass wir heute eure silberne Hochzeit feiern können. Nun wünsche ich euch, dass ihr euer Glück noch mindestens weitere 25 Jahre bewahrt. Eure Kinder sind aus dem Haus – jetzt geht der Spaß doch erst richtig los!

Rede eines damaligen Trauzeugen zur silbernen Hochzeit eines Paares

Anmerkung: Diese Rede kann mit einigen Abänderungen auch zur goldenen Hochzeit gehalten werden.

Liebe Hanni, lieber Gerhard, liebe Gäste,
als ich diese Rede vorbereitete, kramte ich natürlich noch einmal die Fotos hervor, die ich vor 25 Jahren von eurer Hochzeit gemacht hatte. Wunderschön sahst du damals aus, liebe Hanni, in deinem langen weißen Kleid und auch du, lieber Gerhard, machtest in deinem dunklen Anzug eine gute Figur. Um euch herum standen eure Eltern und Verwandten, ebenfalls alle schön herausgeputzt. Und irgendwo im Hintergrund war ein Typ mit Zottelhaar und Bart zu sehen, der aussah, wie ein inoffizielles fünftes Mitglied von Abba. Er hatte sich in einen Anzug gequetscht und rechnete wohl jeden Moment mit Hochwasser. Darauf deutete zumindest seine Hosenlänge hin. Und die Krawatte? Deren Muster wäre wohl auf einer Tapete besser zur Geltung gekommen. Ich gestehe: Dieser Typ war ich, euer damaliger Trauzeuge.

Wie ihr alle seht, bin ich heute etwas besser angezogen, doch 1978 ist ja auch lange her! Welche weltbewegenden Ereignisse – mal abgesehen von eurer Hochzeit – sind damals denn noch geschehen? Nun, ihr wart nicht die Einzigen, die in diesem Jahr geheiratet haben: In Monaco trat nämlich Prinzessin Caroline vor den Traualtar und ehelichte den französischen Geschäftsmann Philippe Junot. Sie hatte allerdings nicht ganz so viel Glück wie ihr!

Um eurer Ehe auch den nötigen kirchlichen Segen zu verleihen, wurde in Rom extra ein neuer Papst gewählt: Der Pole Karol Wojtyla hieß nun Johannes Paul II. und wurde neues Oberhaupt der katholischen Kirche.

»Hanni und Gerhard heiraten – da müssen auch wir das Kriegsbeil begraben!«, dachten sich Israel und Ägypten. Die beiden Nachbarstaaten wollten sich von nun an für eine Annäherung und mehr Verständnis einsetzen. Der ägyptische Staatspräsident Sadat und der israelische Premierminister Begin wurden für diese Bemühungen sogar mit dem Friedensnobelpreis ausgezeichnet.

Ob die deutsche Fußballnationalmannschaft nur deshalb bei der WM in Argentinien so kläglich versagte, weil sie bei eurer Hochzeit zu tief ins Glas geschaut hatte, ist bis heute umstritten.

Und, lieber Gerhard, hast du schon einmal darüber nachgedacht, was passiert wäre, wenn Hanni besser Englisch könnte? Dann hätte sie im Jahre 1978 vermutlich nicht dich geheiratet, sondern John Travolta, der sich damals mit »Saturday Night Fever« und »Grease« durch die Kinos und in die Herzen der Frauen tanzte!

Drei Oscars gewann in diesem Jahr dann allerdings ein anderer: Woody Allen mit seiner Komödie »Der Stadtneurotiker«. Ob er bei diesem Titel auch an dich gedacht hat, Gerhard?

1978 liegt also wirklich weit zurück: Für euch, liebe Hanni und lieber Gerhard, waren andere Ereignisse viel weltbewegender als Fußball und Nobelpreise: Die Geburt eurer Kinder Tanja und David. Euer Umzug von der hessischen Kleinstadt in die Metropole Frankfurt. Das Ferienhäuschen in Dänemark, das ihr auch euren Freunden immer gerne zur Verfügung stellt. Und nicht zuletzt eure Ehe, die 25 manchmal auch stürmische Jahre überstanden hat.

Ich wünsche euch nun, dass ihr genauso weitermacht wie in den vergangenen 25 Jahren. Vielleicht mit etwas mehr Ruhe und Gelassenheit, doch stets genauso glücklich. Zur Erinnerung an eure Hochzeit habe ich nun noch ein besonderes Geschenk für euch ausgegraben: Damit ihr zur selben Musik das Tanzbein schwingen könnt wie vor 25 Jahren, bekommt ihr eine CD von Boney M: »Rivers of Babylon«! Auf die nächsten 25 Jahre!

4. Kapitel

Die besten Verse und Gedichte

Dieses Kapitel versammelt eine Auswahl an Gedichten, Zitaten und Aphorismen rund um die Themen Liebe und Ehe. Viele stammen von den Klassikern der Literaturgeschichte und mögen in Ihren Ohren vielleicht nicht mehr ganz aktuell klingen. Doch sind sie eben genau deshalb zeitlos und allesamt dem feierlichen Anlass entsprechend stimmungsvoll. Schließlich lässt sich ein Brautpaar mit nichts besser ehren als mit einem festlichen Gedicht. Andere Verse sind speziell für Kinder gereimt, wieder andere vermögen ein Lächeln auf die Lippen der Zuhörer zu zaubern. Darüber hinaus finden Sie in diesem Kapitel auch einige Trinksprüche, mit denen Sie gebührend auf das Wohl des Brautpaares anstoßen können.

Klassische Gedichte und Aphorismen

Ich weiß

Ich weiß wohl, was du liebst in mir:
Es ist die Glut in meiner Brust,
es ist die zauberhafte Zier
der tief geheimen innern Lust,
die strahlt aus mir und ruft zu dir:
Schließ mich in einen Felsenstein,
so ruf ich dich durch Mark und Bein:
Komm, lebe, liebe, stirb bei mir,
du musst, du musst!

Clemens Brentano

Einer Braut zum Vorabend der Hochzeit

Ich bringe dir ein leeres, weißes Buch,
die Blätter drin noch ohne Bild und Spruch.
Sie sollen einst, wenn sie beschrieben sind,
dir bringen ein Erinnern hold und lind
an liebe Worte, die man zu dir sprach,
an treue Augen, die dir blickten nach.
Drauf leg ich dir von dunklem Myrtenreis
den grünen Kranz, der aller Kränze Preis.
Nimm ihn getrost! Denn muss ich auch gestehn,
er wird wie alles Laub dereinst vergehn,
so weiß ich doch, wenn Tag um Tag verschwand,
hältst du den Zweig mit Früchten in der Hand.
Theodor Storm

Meine Schwester, die heiratet

An eines Baches Rande
stand ich in süßer Ruh
und sah im klaren Spiegel
dem Spiel der Wellen zu.

Die blauen Falter flogen
vorbei im Sonnenschein.
Sie hatten viel zu flüstern
von bunten Blumen am Rain.

Die Rose streute Blüten
wohl in den Bach hinein:
Das soll für meine Schwester
zu ihrer Hochzeit sein.
Aus dem 19. Jahrhundert

Das ist die rechte Ehe,
wo Zweie sich geeint,
durch alles Glück und Wehe
zu pilgern treu vereint.
Der eine Stab des anderen,
und liebe Last zugleich,
gemeinsam Rast und Wandern,
und Ziel das Himmelreich.

Emanuel Geibel

Nimmersatte Liebe

So ist die Lieb'! So ist die Lieb'!
Mit Küssen nicht zu stillen!
Wer ist der Tor und will ein Sieb
mit eitel Wasser füllen?
Und schöpfst du an die tausend Jahr'
und küssest ewig, ewig gar,
du tust ihr nie zu Willen.

Die Lieb', die Lieb' hat alle Stund'
neu wunderlich Gelüsten;
wir bissen uns die Lippen wund,
da wir uns heute küssten.
Das Mädchen hielt in guter Ruh',
wie's Lämmlein unterm Messer;
ihr Auge bat: »Nur immer zu!
Je weher, desto besser!«

So ist die Lieb'! und war auch so,
wie lang' es Liebe gibt,
und anders war Herr Salomo,
der Weise, nicht verliebt.

Eduard Mörike

Liebesfeier

An ihren bunten Liedern klettert
die Lerche selig in die Luft;
ein Jubelchor von Sängern schmettert
im Walde, voller Blüt und Duft.

Da sind, so weit die Blicke gleiten,
Altäre festlich aufgebaut,
und all die tausend Herzen läuten
zur Liebesfeier dringend laut.

Der Lenz hat Rosen angezündet
an Leuchtern von Smaragd im Dorn;
und jede Seele schwillt und mündet
hinüber in den Opferstrom.

Nikolaus Lenau

Die Gunst des Augenblicks

Und so finden wir uns wieder
in den heitern bunten Reihn,
und es soll der Kranz der Lieder
frisch und grün geflochten sein.

Aber wem der Götter bringen
wir des Liedes ersten Zoll?
Ihm vor allem lasst uns singen,
der die Freude schaffen soll.

Denn was frommt es, dass mit Leben
Ceres den Altar geschmückt?
Dass den Purpursaft der Reben
Bacchus in die Schale drückt?

Zückt vom Himmel nicht der Funken,
der den Herd in Flammen setzt.
Ist der Geist nicht feuertrunken,
und das Herz bleibt unergötzt.

Aus den Wolken muss es fallen,
aus der Götter Schoß das Glück,
und der mächtigste von allen
Herrschern ist der Augenblick.

Von dem allerersten Werden
der unendlichen Natur
alles Göttliche auf Erden
ist ein Lichtgedanke nur.

Langsam in dem Lauf der Horen
füget sich der Stein zum Stein,
schnell, wie es der Geist geboren,
will das Werk empfunden sein.

Wie im hellen Sonnenblicke
sich ein Farbenteppich webt,
wie auf ihrer bunten Brücke
Iris durch den Himmel schwebt.

So ist jede schöne Gabe
flüchtig wie des Blitzes Schein;
schnell in ihrem düstern Grabe
schließt die Nacht sie wieder ein.

Friedrich von Schiller

Liebeszauber

Mädel, schau mir ins Gesicht!
Schelmenauge, blinzle nicht!
Mädel, merke, was ich sage!
Gib Bescheid auf meine Frage!
Holla, hoch, mir ins Gesicht!
Schelmenauge, blinzle nicht!

Bist nicht hässlich, das ist wahr!
Äuglein hast du, blau und klar;
Stirn und Näschen, Mund und Wangen
dürfen wohl ihr Lob verlangen.
Reizend, Liebchen, das ist wahr,
reizend bist du offenbar.

Schelmenauge, Schelmenmund,
sieh mich an und tu mir's kund!
He, warum bist du die Meine?
Du allein und anders keine?
Sieh mich an und tu mir's kund,
Schelmenauge, Schelmenmund.

Sinnig forsch' ich auf und ab:
Was so ganz dir hin mich gab? –
Ha! Durch nichts mich so zu zwingen,
geht nicht zu mit rechten Dingen.
Zaubermädel auf und ab,
sprich, wo ist dein Zauberstab?

Gottfried August Bürger

Liebe

Weht ein Ton vom Feld herüber,
grüßt mich immerdar ein Freund,
spricht zu mir: Was weinst du, Lieber?
Sieh, wie Sonne Liebe scheint:
Herz am Herzen stets vereint
gehn die bösen Stunden über.

Liebe denkt in süßen Tönen,
denn Gedanken stehn zu fern,
nur in Tönen mag sie gern
alles, was sie will, verschönen.
Drum ist ewig uns zugegen,
wenn Musik mit Klängen spricht,
ihr die Sprache nicht gebricht,
holde Lieb' auf allen Wegen;
Liebe kann sich nicht bewegen,
leihet sie den Odem nicht.

Ludwig Tieck

Hochzeitswunsch

Teures Paar, des Glückes Neid
muss euch nimmermehr versehren,
und die Macht der Sterblichkeit
schade nimmer euren Ehren.
Gebe Gott, dass übers Jahr
in der Mutter Armen lache
das, was euch, o edles Paar,
nach dem Tode lebend mache.

Friedrich von Logau

Die Freundinnen zum Hochzeitstag der Braut

In deines Festes fröhliche Gesänge
mischt sich ein trauter Ton aus alter Zeit,
es lockt dich aus dem jubelnden Gedränge
zurück noch einmal zur Vergangenheit;
die Freundschaft ist's, es sind der Schwestern Tritte,
sie pochen schüchtern an der Pforte an,
sie nahen dir, sie flüstern ihre Bitte
und fragen freundlich: Denkst du noch daran?

Denkst du daran, wie wir uns einst gefunden
in unsrer Kindheit holder Blumenwelt?
Es waren unsres Lebens Morgenstunden,
vom Frührot reiner Freuden schön erhellt;
der Schule Mühen, alle frohen Spiele
und aller Jubel von der Kindheit Bahn,
sie steigen auf in freudigem Gewühle
und fragen mit uns: Denkst du noch daran?

Denkst du daran, wie an der Kindheit Grenzen
uns eine schöne Freudenwelt umfing?
Wie uns ein Leben, voll Gesang und Tänzen,
gefasst in seinen wundervollen Ring?
Und wie auch ernste, deutungsvolle Tage
des Lebens Ernst und Züge zeigten an?
Es war der Jugend Frühlingstag; o sage,
die Schwestern bitten: Denkst du noch daran?

Wohl trittst du jetzt in ernster Frauen Kreise,
die Myrte schmückt zum letzten Mal dein Haar,
du tändelst nicht mehr nach der Mädchen Weise,
du nimmst jetzt Abschied von der Jungfraun Schar.
Doch blickst du künftig ernst in unsern Reigen,
schilt unsre Freuden dann nicht leeren Wahn!
Denn die Erinnrung wird dir Bilder zeigen
und lächelnd sagen: Denkst du noch daran?

Du denkst daran: Und zum Gedächtnismale,
als eine reine, jungfräuliche Zier
nimm von den Schwestern die kristallne Schale,
wir reichen sie mit frohen Wünschen dir.
So werden wir in deinem Herzen leben,
denn siehst du einmal diese Schale an,
dann wird dich die Erinnerung umschweben
und freundlich sagst du: »Ja, ich denk' daran.«
Wilhelm Hauff

Hochzeitsgeschenk

Es kommt der Lenz mit dem Hochzeitsgeschenk,
mit Jubel und Musizieren,
das Bräutchen und den Bräutigam
kommt er zu gratulieren.
Er bringt Jasmin und Röselein
und Veilchen und duftige Kräutchen
und Sellerie für den Bräutigam
und Spargel für das Bräutchen.
Heinrich Heine

Du hattest kein Glück und ich hatte keins;
wir nahmen einander, nun haben wir eins.
Wo haben wir es denn hergenommen?
Es ist vom Himmel auf uns gekommen.
Friedrich Rückert

Des Menschen Dasein, alt wie jung,
lebt zwischen Hoffnung und Erinnerung.
Jung, sieht dem Wunsch er alle Tore offen,
und alt, erinnert er sich – eben an sein Hoffen.
Franz Grillparzer

Was passt, das muss sich ründen,
was sich versteht, sich finden,
was gut ist, sich verbinden,
was liebt, zusammen sein.
Was hindert, muss entweichen,
was krumm ist, muss sich gleichen,
was fern ist, sich erreichen,
was keimt, das muss gedeihn.

Gib treulich mir die Hände,
sei Bruder mir und wende
den Blick vor deinem Ende
nicht wieder weg von mir.
Ein Tempel, wo wir knien,
ein Ort, wohin wir ziehen,
ein Glück, für das wir glühen,
ein Himmel mir und dir!

Novalis

Auf eine Hochzeit

Was kann und soll ich euch zu diesem neuen Leben,
das ihr mit aller Treu itzt wollet wohl anheben,
vor ein Geschenke tun, das Gott und euch und mir
recht angenehme sei? Mir ist nichts übrig hier
als ein beherzter Wunsch, den Gott für alle Gaben,
für allen Reichtümern ihm will geschenket haben,
und ihr seid auch vergnügt. Gott helfe, dass der Bund,
den ihr, ihr liebes Paar, durch Wunsch, durch Hand, durch Mund
bekräftigt und vollbracht, euch ewig möge nützen,
ein Schild für Unfall sein, vor allem Übel schützen,
das sonst den Einsamen zuhanden stoßen pflegt
und sie zu vieler Angst und Kümmernis bewegt!
Lebt frisch, lebt fruchtbarlich, lebt selig, wie ihr lebet!
Dies ist mein höchster Wunsch, den ihr euch selbsten gebet.

Paul Fleming

An Frau Rebekka

Ich habe dich geliebet und ich will dich lieben,
solang du goldner Engel bist;
in diesem wüsten Lande hier und drüben
im Lande, wo es besser ist.
Ich will nichts von dir sagen, will nicht von dir singen;
was soll uns Loblied und Gedicht?
Doch muss ich heut der Wahrheit Zeugnis bringen,
denn unerkenntlich bin ich nicht.
Ich danke dir, mein Wohl, mein Glück in diesem Leben.
Ich war wohl klug, dass ich dich fand;
doch ich fand nicht. Gott hat dich mir gegeben;
so segnet keine andre Hand.

Matthias Claudius

Und hier besiegeln diese zwei
sich dauerhafte Lieb und Treu.
Hoch ist der Liebe süßer Traum
erhaben über Zeit und Raum.

Wilhelm Busch

Wenn, wie ihr, zwei sich haben wirklich gern,
dann steht auch ihre Ehe unter einem guten Stern.
Wir wünschen euch jedenfalls nur Sonne
und nach jedem Wölkchen wieder Wonne!
Zeiten gibt es, da des Glücks zu viel,
und Zeiten, da es zu wenig.
Tage gibt es, da du Bettler bist,
und Stunden, in denen du König.

Cäsar Flaischlen

Hier, unterm Blick prophetischer Sterne,
weih' ich dies Hochzeitsfest voraus:
Tief schaut die Muße in die Ferne
des bräutlichen Geschicks hinaus.
Wie golden wirkt die neue Schwelle
des Lebens jedem jungen Paar!
Doch weiß man, dass nicht stets so helle
der Mittag wie der Morgen war.
Heut' aber seh' ich schöne Tage
blüh'n in gedrängter Sternensaat,
entschieden liegt schon auf der Waage,
was dieses Paar vom Schicksal hat.
Hast, Liebchen, du der Jugend Blüte,
Anmut und Liebenswürdigkeit,
all deines Herzen laut're Güte
kühn deinem Einzigen geweiht;
lässt du der Heimat Friedensauen,
so manch ein lang gewohntes Glück,
um dir den eigenen Herd zu bauen,
halb wehmutsvoll, halb froh zurück:
Getrost! So darf ich laut es zeugen,
ein würdig' Herz hast du gewählt;
selbst böser Neid bekennt mit Schweigen,
dass nichts zu deinem Glücke fehlt.
Denn Heiterkeit und holde Sitte,
wie Sommerluft, durchweh'n dein Haus,
und goldbeschuht, mit leisem Tritte,
geh'n Segensengel ein und aus.

Eduard Mörike

Hochzeitslied

Aus der Eltern Macht und Haus
tritt die züchtige Braut heraus
an des Lebens Scheide –
geh und lieb und leide!
Freigesprochen, unterjocht,
wie der junge Busen pocht
im Gewand von Seide –
geh und lieb und leide!
Frommer Augen helle Lust
überstrahlt an voller Brust
blitzendes Geschmeide –
geh und lieb und leide!
Merke dir's, du blondes Haar:
Schmerz und Lust Geschwisterpaar,
unzertrennlich beide –
geh und lieb und leide!

Conrad Ferdinand Meyer

Lehn' deine Wang' an meine Wang',
dann fließen die Tränen zusammen;
und an mein Herz drück' fest dein Herz,
dann schlagen zusammen die Flammen!

Und wenn in die große Flamme fließt
der Strom von unsern Tränen,
und wenn dich mein Arm gewaltig umschließt –
sterb' ich vor Liebessehnen!

Heinrich Heine

O glücklich, wer ein Herz gefunden,
das nur in Liebe denkt und sinnt
und, mit der Liebe treu verbunden,
sein schön'res Leben erst beginnt.

Wo liebend sich zwei Herzen einen,
nur eins zu sein in Freud und Leid,
da muss des Himmels Sonne scheinen
und heiter lächeln jede Zeit!

August Heinrich Hoffmann von Fallersleben

Was das für ein Gezwitscher ist!
Durchs Blau die Schwalben zucken
und schrei'n: Sie haben sich geküsst!
Vom Baum Rotkehlchen gucken.
Der Storch stolziert auf einem Bein:
Da muss ich fischen gehen.
Der Abend wie im Traum darein
schaut von den stillen Höhen.

Joseph von Eichendorff

Führt, sternenreine Engelein,
die Braut auf guter Weide,
durch Lieb und Leid, bis klar und rein
der Geist im Lilienkleide
sich scheidet von dem Dornental
und mit uns singt beim Hochzeitsmahl:
»O Stern und Blume, Geist und Kleid,
Lieb, Leid und Zeit und Ewigkeit!«

Clemens Brentano

O wie lieblich, o wie schicklich,
sozusagen herzerquicklich,
ist es doch für eine Gegend,
wenn zwei Leute, die vermögend,
außerdem mit sich zufrieden,
aber von Geschlecht verschieden,
wenn nun diese, sag ich, ihre
dazu nötigen Papiere,
sowie auch die Haushaltssachen
endlich mal in Ordnung machen
und in Ehren und beizeiten
hin zum Standesamte schreiten,
wie es denen, welche lieben,
vom Gesetze vorgeschrieben;
dann ruft jeder freudiglich:
»Gott sei Dank, sie haben sich!«

Kurz, Verstand sowie Empfindung
dringt auf ehliche Verbindung.
Dann wird's aber auch gemütlich.
Täglich, stündlich und minütlich
darf man nun vereint zu zween
Arm in Arm spazieren gehen!
Ja, was irgend schön und lieblich,
segensreich und landesüblich
und ein gutes Herz ergetzt,
prüft, erfährt und hat man jetzt.

Wilhelm Busch

Verspäteter Hochzeitsgruß

Die Muse fehlt nicht selten,
wenn man sie eben will.
Sie schweift in fernen Welten,
und nirgends hält sie still.
Die Schwärmerin verträumet
gar oft den Glockenschlag.
Was sag ich? Sie versäumet
selbst einen Hochzeitstag.
So auch zu eurem Feste
erscheinet sie zu spät
und bittet nun aufs Beste,
dass ihr sie nicht verschmäht.
Des schönen Glückes Schimmer
erglänzt euch eben dann,
wenn man euch jetzt und immer
ein Brautlied singen kann.

Ludwig Uhland

Über die Liebe

Zwischen Freundschaft und Liebe ist der Unterschied,
dass die Freundschaft an alles denkt, die Liebe uns aber alles
vergessen lässt.

Lebensweisheit

Die Liebe gleicht einem Ring und ein Ring hat kein Ende.

Aus Russland

Das ist die wahre Liebe, die immer und immer sich gleich bleibt,
wenn man ihr alles gewährt, wenn man ihr alles versagt.

Johann Wolfgang von Goethe

Die Liebe ist der Endzweck der Weltgeschichte,
das Amen des Universums.
Novalis

Einen Menschen lieben, heißt ihn so zu sehen, wie Gott ihn
gemeint hat.
Fjodor M. Dostojewski

Wo Liebe rechnet, ist sie bettelarm.
William Shakespeare

Jeder geliebte Gegenstand ist der Mittelpunkt eines
Paradieses.
Novalis

Stets die Liebe siegt im Kampfe,
ist fest in der Verteidigung.
Wen der Himmel retten will,
den schützt er durch die Liebe.
Laotse

Liebe ist der Wunsch, etwas zu geben, nicht zu erhalten.
Bertolt Brecht

Die Liebe ist eine Dummheit, die zu zweit begangen wird.
Napoleon

Die größte Kunst im Lieben ist, dass man schweigen kann.
August Heinrich Hoffmann von Fallersleben

Nicht zu dem Schiffer schwimmt aus der Ferne,
des Indiers goldner Überfluss heran,
er muss auf ungewissen Brettern sich
dem trügerischen Meere anvertraun.
Er muss der Sandbank hohe Fläche meiden,
der Klippe spitz geschliffnen Dolch umgehn,
sich mühsam durch der Meere Strudel winden,
mit Stürmen kämpfen, sich mit Wogen schlagen,
bis ihn der Küste sichrer Port empfängt.

Auch zu der Liebe schwimmt nicht stets das Glück,
wie zu dem Kaufmann nicht der Indus schwimmt.
Sie muss sich ruhig, in des Lebens Schiff,
des Schicksals wildem Meer anvertraun,
dem Wind des Zufalls seine Segel öffnen,
es an der Hoffnung Steuerruder lenken,
und, stürmt es, vor der Treue Anker gehen.
Sie muss des Wankelmutes Sandbank meiden,
geschickt des Misstrauns spitzen Fels umgehn,
und mit des Schicksals wilden Wogen kämpfen,
bis in des Glückes sichern Port sie läuft.
Heinrich von Kleist

Die Liebe hemmet nichts;
sie kennt nicht Tür noch Riegel
und dringt durch alles sich;
sie ist ohn' Anbeginn,
schlug ewig ihre Flügel,
und schlägt sie ewiglich.
Matthias Claudius

Es ist viel leichter, für eine geliebte Frau zu sterben,
als mit ihr zu leben.
Lord Byron

Selig durch die Liebe
Götter – durch die Liebe
Menschen Göttern gleich!
Liebe macht den Himmel
himmlischer – die Erde
zu dem Himmelreich.
Friedrich von Schiller

Ohne Liebe, sag, wär da das Leben schön?
Sieh, nur die Liebe kann Freude und Frohsinn erhöhn!
Regnete ewig die Wolke auch Tropfen ins Meer –
ohne die Liebe wird nie eine Perle entstehn!
Aus Persien

Die Liebe spricht ihre eigene Sprache; die Ehe kehrt zur
Landessprache zurück.
Aus Russland

Was die Liebe nicht bindet, das ist schlecht gebunden, und
was die Treue nicht schirmt, das beschirmt kein Eid.
Ernst Moritz Arndt

Willst du geliebt werden, so liebe.
Lucius Annaeus Seneca

Lieben heißt nicht begehren, sondern zärtlich
zueinander sein.
Graf von Mirabeau

Mit jemandem leben oder in jemand leben,
ist ein großer Unterschied.
Es gibt Menschen, in denen man leben kann,
ohne mit ihnen zu leben, und umgekehrt.
Beides zu verbinden,
ist nur der reinsten Liebe und Freundschaft möglich.

Johann Wolfgang von Goethe

Das Geschenk der Liebe kann man nicht geben.
Es wartet darauf, angenommen zu werden.

Rabindranath Tagore

Das eben ist der Liebe Zaubermacht,
dass sie veredelt, was ihr Hauch berührt,
der Sonne ähnlich, deren goldner Strahl
Gewitterwolken selbst in Gold verwandelt.

Franz Grillparzer

Sphären ineinander lenkt die Liebe.
Weltsysteme dauern nur durch sie.

Friedrich von Schiller

Des Verliebten Seele lebt in einem fremden Leibe.

Plutarch

Die Liebe lebt von liebenswürdigen Kleinigkeiten, und wer sich
eines Frauenherzens dauerhaft versichern will, der muss immer
neu darum werben, der muss die Reihe der Aufmerksamkeiten
allstündlich neu wie einen Rosenkranz abbeten. Und ist er damit
fertig, so muss er von neuem anfangen.

Theodor Fontane

Die Liebe ist die Köchin des Lebens, sie macht es erst
schmackhaft, aber sie versalzt es auch oft.

Lebensweisheit

Freiwillige Abhängigkeit ist der schönste Zustand – und
wie wäre der möglich ohne Liebe?

Johann Wolfgang von Goethe

Die Liebe ist das Wohlgefallen am Guten; das Gute ist der einzige
Grund der Liebe. Lieben heißt: jemandem Gutes tun wollen.

Thomas von Aquin

Du fragst mich, Kind, was Liebe ist?
Ein Stern in einem Haufen Mist.

Heinrich Heine

So viel in dir die Liebe wächst, so viel wächst die Schönheit in dir.
Denn die Liebe ist die Schönheit der Seele.

Augustinus

Liebe, die von Herzen liebt,
ist am reichsten, wenn sie gibt;
Liebe, die von Opfern spricht,
ist schon rechte Liebe nicht.

Emanuel Geibel

Liebe schwärmt auf allen Wegen;
Treue wohnt für sich allein.
Liebe kommt euch rasch entgegen;
aufgesucht will Treue sein.

Johann Wolfgang von Goethe

Was aus Liebe getan wird, geschieht immer jenseits von Gut und Böse.
Friedrich Nietzsche

Wenn ein Mann und eine Frau füreinander eine heftige Leidenschaft haben, so kommt es mir immer vor, als ob die beiden Liebenden, welche Hindernisse auch immer – ein Gatte, Eltern usw. – sie trennen mögen, durch die Natur und nach göttlichem Rechte einander gehören, allen Gesetzen und Konventionen zum Trotz.
Nicolas Sébastien Roch Chamfort

Liebe ist kein Solo. Liebe ist ein Duett. Schwindet sie bei einem, verstummt das Lied
Adalbert von Chamisso

Am Tag ist die Eule blind, bei Nacht die Krähe. Wen aber die Liebe verblendet, der ist blind bei Tag und Nacht.
Aus Indien

Die Liebe widersteht der Zeit, die alles raubt.
Man hat nie recht geliebt, wenn man sie endlich glaubt.
Johann Wolfgang von Goethe

Wenn dich eine Frau hasst, so hat sie dich geliebt, liebt dich oder wird dich lieben.
Alte Weisheit

Das Leben ist Schlaf, dessen Traum die Liebe ist. Du wirst gelebt haben, wenn du geliebt haben wirst.
Alfred de Musset

Die Liebe trägt die Seele wie die Füße den Leib tragen.

Katharina von Siena

Denn nur von innen kommt der Segen,
und nur die Liebe bringet Rast.

Emanuel Geibel

Was ist es, sprich,
was bei den Menschen Liebe heißt?
O Kind, das Süßeste
und Bitterste zugleich.

Euripides

Heut' ist mir alles herrlich; wenn's nur bliebe!
Ich sehe heute durchs Augenglas der Liebe.

Johann Wolfgang von Goethe

Liebe ist von allen Krankheiten noch die gesündeste.

Euripides

Raum ist in der kleinsten Hütte
für ein glücklich liebend Paar.

Friedrich von Schiller

Der liebt nicht, der die Fehler des Geliebten nicht für
Tugenden hält.

Johann Wolfgang von Goethe

Darin besteht die Liebe: dass sich zwei Einsame beschützen
und berühren und miteinander reden.
Rainer Maria Rilke

Liebe ist das Einzige, was nicht weniger wird, wenn wir es
verschwenden.
Ricarda Huch

Wo keine Liebe, ist auch keine Wahrheit. Und nur der ist etwas,
der etwas liebt. Nicht sein und nichts lieben, ist identisch.
Ludwig Feuerbach

Liebe mag für primitive Naturen ein körperliches Bedürfnis
darstellen. Geistigen Menschen bedeutet sie das fesselndste
Erlebnis der ganzen Schöpfung.
Honoré de Blazac

Lieben heißt: in dem anderen sich selbst erobern.
Friedrich Hebbel

Kein steinern Bollwerk kann der Liebe wehren,
und Liebe wagt, was Liebe irgend kann.
William Shakespeare

Liebe heißt das Glück denen zu geben, die man liebt, und nicht
sich selbst.
Alexandre Dumas

Seine Freude in der Freude des anderen finden können, das ist
das Geheimnis des Glücks.

Georges Bernanos

Es ist immer etwas Wahnsinn in der Liebe. Es ist aber immer
auch etwas Vernunft im Wahnsinn.

Friedrich Nietzsche

Was ist denn Liebe? Sag!
Zwei Seelen und ein Gedanke,
zwei Herzen und ein Schlag.

Friedrich Halm

Liebe bleibt die goldene Leiter, drauf das Herz zum Himmel
steigt.

Emanuel Geibel

Woher sind wir geboren?
Aus Lieb.
Wie wären wir verloren?
Ohne Lieb.
Was hilft uns überwinden?
Die Lieb.
Kann man auch Liebe finden?
Durch Lieb.
Was soll uns stets vereinen?
Die Lieb.

Johann Wolfgang von Goethe

Liebe ist ein Glas, das zerbricht, wenn man es zu unsicher oder
zu fest anfasst.

Aus Russland

Es ist mit der Liebe wie mit den Pflanzen: Wer Liebe ernten will,
muss Liebe säen.

Jeremias Gotthelf

Weißt du, wo es keinen Herren
und keinen Diener gibt?
Wo eins dem andern dient,
wo eins den andern liebt.

Friedrich Rückert

Wer je gelebt in Liebesarmen, der kann im Leben nie verarmen.

Theodor Fontane

Das Glück ist nur die Liebe. Die Liebe ist das Glück.

Adalbert von Chamisso

Alles bezwingt die Liebe.

Vergil

Freudvoll
und leidvoll,
gedankenvoll sein;
hangen
und bangen
in schwebender Pein;
himmelhoch jauchzend,
zu Tode betrübt:
glücklich allein
ist die Seele, die liebt.

Johann Wolfgang von Goethe

Wenn wir lieben, erscheinen wir uns selbst ganz anders,
als wir früher gewesen.

Blaise Pascal

Große Seelen macht die Liebe größer.

Friedrich von Schiller

Der Wunder größtes ist die Liebe.

August Heinrich Hoffmann von Fallersleben

Welch Glück, geliebt zu werden,
und lieben, Götter, welch ein Glück!

Johann Wolfgang von Goethe

Die Frau verliert in der Liebe zu einem ausgezeichneten Mann
das Bewusstsein ihres eigenen Wertes; der Mann kommt
erst recht zum Bewusstsein des seinen durch die Liebe einer
edlen Frau.

Marie von Ebner-Eschenbach

Lieben – das heißt Seele werden wollen in einem anderen.

Friedrich Schleiermacher

Vergangen sei vergangen
und Zukunft ewig fern:
In Gegenwart gefangen
verweilt die Liebe gern.

Clemens Brentano

Es gibt nichts Schöneres, als geliebt zu werden, geliebt um seiner
selbst willen oder vielmehr: trotz seiner selbst.
Victor Hugo

Weise sein und lieben vermag kein Mensch.
William Shakespeare

Nichts ist zu schwer für den, der liebt.
Marcus Tullius Cicero

Menschen zu finden, die mit uns fühlen und empfinden,
ist wohl das schönste Glück auf Erden.
Carl Spitteler

Freundschaft und Liebe erzeugen das Glück des menschlichen
Lebens wie zwei Lippen den Kuss, welcher die Seele entzückt.
Friedrich Hebbel

Über die Ehe

Männer brauchen Frauen um sich, sonst verfallen sie
unaufhaltsam der Barbarei.
Orson Welles

Die Musterehe

Ein rares Beispiel will ich singen,
wobei die Welt erstaunen wird.
Dass alle Ehen Zwietracht bringen,
glaubt jeder, aber jeder irrt.

Ich sah das Muster aller Ehen,
still, wie die stillste Sommernacht.
O! dass sie keiner möge sehen,
der mich zum frechen Lügner macht!

Und gleichwohl war die Frau kein Engel,
und der Gemahl kein Heiliger;
es hatte jedes seine Mängel.
Denn niemand ist von allen leer.

Doch sollte mich ein Spötter fragen,
wie diese Wunder möglich sind:
Dem lasse ich zur Antwort sagen:
Der Mann war taub, die Frau war blind.

Gotthold Ephraim Lessing

Die Heirat ist die einzige lebenslängliche Verurteilung, bei der man auf Grund schlechter Führung begnadigt werden kann.

Alfred Hitchcock

Einer allein ist nicht einmal gut im Paradiese.

Aus Italien

Die zweite Ehe ist der Triumph der Hoffnung über die Erfahrung.

Samuel Johnson

In der Ehe gibt's keine größeren Fehler als die wiederkommenden.

Jean Paul

Die Ehe ist der Anfang und Gipfel aller Kultur.
Sie macht den Rohen mild, und der Gebildetste hat keine
bessere Gelegenheit, seine Milde zu beweisen.

Johann Wolfgang von Goethe

Nur um eine liebende Frau her kann sich eine Familie bilden.

Friedrich Schlegel

Die Ehe ist genau so viel wert als die, welche sie schließen.

Friedrich Nietzsche

Man heißt die Ehen gut, erstens, weil man sie noch nicht
kennt, zweitens weil man sich an sie gewöhnt hat, drittens weil
man sie geschlossen hat – das heißt fast in allen Fällen.
Und doch ist damit nichts für die Güte der Ehe überhaupt
bewiesen.

Friedrich Nietzsche

Haltet es miteinander aus und verzeiht einander, wenn ihr euch
gegenseitig Vorwürfe zu machen habt.

An die Kolosser 3,13

Der größte Segen auf dem Erdenrund,
wenn Weib und Gatten treuer Eintracht Bund umschlingt.

Euripides

In der Komödie sehen wir eine Heirat als das letzte Ziel
eines durch die Hindernisse mehrerer Akte verschobenen
Wunsches, und im Augenblick, da es erreicht ist, fällt
der Vorhang, und die momentane Befriedigung klingt bei uns
nach. In der Welt ist es anders; da wird hinten immer fortgespielt,
und wenn der Vorhang wieder aufgeht, mag man gern nichts
weiter davon sehen noch hören.
Johann Wolfgang von Goethe

Im ewigen Bunde:
Was der eine verspricht,
leistet der andere gewiss.
Friedrich von Schiller

Die Ehe ist der Versuch, zu zweit mit den Problemen fertig zu
werden, die man alleine niemals gehabt hätte.
Woody Allen

Eine Frau ist der beste Gefährte fürs Leben.
Martin Luther

Heirate oder heirate nicht, du wirst beides bereuen.
Sokrates

Der Arzt nennt die Ehe ein verkehrtes Fieber, das mit Hitze anfängt und mit Kälte endigt;

der Chemiker: eine einfache Wahlverwandtschaft;

der Apotheker: ein niederschlagendes Pulver;

der Mathematiker: eine Gleichung, wo bei zwei gegebenen Größen sich leicht eine dritte findet;

der Jurist: einen Kontrakt;

der Kaufmann: eine Spekulation, die ebenso leicht falliert als glückt;

der Dichter: einen Roman, der manchmal mehrere Auflagen erlebt;

der Schauspieler: eine Tragikomödie, die stets vom Publikum beklatscht wird;

der Theaterdirektor: ein Abonnement;

der Musiker: ein Konzert, in welchem die Liebe die Flöte bläst, die Kinderchen die Querpfeife, die Nachbarn die Trompete und der Mann zuweilen ein Hornsolo;

der Soldat: einen Feldzug, der sich bald zum Siebenjährigen, bald zum Dreißigjährigen Krieg ausdehnt.

Aus »Fliegende Blätter«

… ich merke wohl, im Ehestand muss man sich manchmal streiten, denn dadurch erfährt man was voneinander.

Johann Wolfgang von Goethe

Gott hat das Weib nicht aus des Mannes Kopf geschaffen, dass sie ihm befehle, noch aus seinen Füßen, dass sie seine Sklavin sei, sondern aus seiner Seite, dass sie seinem Herzen nahe sei.

Talmud

Ehen werden im Himmel geschlossen, aber dass sie gut geraten, darauf wird dort nicht gesehen.

Marie von Ebner-Eschenbach

Denn wo das Strenge mit dem Zarten,
wo Starkes sich und Mildes paarten,
da gibt es einen guten Klang.
Drum prüfe, wer sich ewig bindet,
ob sich das Herz zum Herzen findet!
Der Wahn ist kurz, die Reu ist lang.
Friedrich von Schiller

Was nun Gott zusammengefügt hat, soll der Mensch nicht scheiden.
Matthäus 19,6

Freundin ist ein süßes Wort,
aber »Frau«, das ehret immerfort.
Walther von der Vogelweide

Es ist besser freien, denn Brunst leiden.
Erster Korintherbrief 7,9

Ehe ist nie ein Letztes, sondern Gelegenheit zum Reifwerden.
Johann Wolfgang von Goethe

Wenn unsere märkischen Leute sich verheiraten, so reden sie nicht von Leidenschaft und Liebe, sie sagen nur: »Ich muss doch meine Ordnung haben.«
Theodor Fontane

Die Ehe ist und bleibt die wichtigste Entdeckungsreise, die der Mensch unternehmen kann.
Sören Kierkegaard

Heiraten das heißt, Nachtigallen zu Hausvögeln machen.
Christian Dietrich Grabbe

Mit bloßen Reizen, leiblichen oder geistigen, in der Ehe zu
fesseln hoffen, ohne das Herz und ohne die Vernunft,
welche allein anknüpfen und festhalten, heißt eine Blumenkette
oder einen Blumenkranz aus bloßen Blumen ohne ihren
Stängel machen zu wollen.
Jean Paul

Vereint wirkt also dieses Paar,
was einzeln keinem möglich war.
Christian Fürchtegott Gellert

Die Liebe, welch' lieblicher Dunst!
Doch in der Ehe, da steckt die Kunst!
Theodor Storm

So weit die Erde Himmel sein kann, so weit ist sie es in einer
glücklichen Ehe.
Marie von Ebner-Eschenbach

In der Ehe muss man einen unaufhörlichen Kampf gegen ein
Ungeheuer führen, das alles verschlingt: die Gewohnheit.
Honoré de Balzac

Das ist der Liebe heil'ger Götterstrahl,
der in die Seele schlägt und trifft und zündet,
wenn sich Verwandtes zum Verwandten findet,
da ist kein Widerstand und keine Wahl,
es löst der Mensch nicht, was der Himmel bindet.
Friedrich von Schiller

Falsche Liebe fürchtet die Ehe, echte sucht sie.
Peter Rosegger

Eine gute Ehe beruht auf dem Talent zur Freundschaft.
Friedrich Nietzsche

Die Ehe ist ein Bauwerk, das jeden Tag neu errichtet werden
muss.
André Maurois

Man ist doch nur ein vagabundierender Räuber und Spitzbube,
wenn man das dreißigste Jahr überschritten hat, ohne verheiratet
zu sein.
Franz Grillparzer

Die Ehe gibt dem Einzelnen Begrenzung und dadurch dem
Ganzen Sicherheit.
Friedrich Hebbel

In einer guten Ehe fügen sich Himmel und Erde zusammen.
Aus Brasilien

Ich fügte hinzu, dass zwar der Verstand der Männer sich nach Haushälterinnen umsehe, dass aber ihr Herz und ihre Einbildungskraft sich nach anderen Eigenschaften sehnen.
Johann Wolfgang von Goethe

Eine von den Haupt-Konvenienzen der Ehe ist die, einen Besuch, den man nicht ausstehen kann, zu seiner Frau zu weisen.
Georg Christoph Lichtenberg

An der Braut, die der Mann sich erwählt, lässt sich gleich erkennen, welches Geistes er ist.
Johann Wolfgang von Goethe

Aus Lieb' oder Vernunft zu frei'n?
Wie sollte es nicht dasselbe sein?
Da es doch nichts Vernünftigeres gibt,
als eine zu nehmen, die man liebt.
Paul Heyse

Ein Ehstand ist alsdann beglückt,
wenn eins sich in das andre schickt,
wenn eins das andre liebt und scheut,
er nicht befiehlt, sie nicht gebeut,
und behutsam sein,
als wollten's erst einander frein.
Christian Fürchtegott Gellert

In einer guten Eh' ist wohl das Haupt der Mann, jedoch das Herz das Weib, das er nicht missen kann.
Friedrich Rückert

Nichts ist wahrlich so wünschenswert und erfreuend,
als wenn Mann und Weib in herzlicher Liebe vereinigt, ruhig ihr
Haus verwalten: dem Feind ein kränkender Anblick, aber
Wonne dem Freund.

Homer

Die Ehe ist das einzige Abenteuer, in das sich auch die Feigen
stürzen.

Voltaire

Eheleute, die sich lieben, sagen sich tausend Dinge, ohne zu
sprechen.

Aus China

Jeder, der heiratet, ist wie der Doge, der sich mit dem
adriatischen Meer vermählt. Er weiß nicht, was drin ist, was er
heiratet: Schätze, Perlen, Ungetüme, unbekannte Stürme.

Heinrich Heine

Nicht der Mangel der Liebe, sondern der Mangel der
Freundschaft macht die unglücklichen Ehen.

Friedrich Nietzsche

Humorvolles und Originelles

Braut und Bräutigam küssen sich,
andre Leute wissen's nicht.
Braut und Bräutigam vertragen sich,
andre Leute schlagen sich.

Volksmund

Die Ehe ist eine polizeilich anerkannte Freundschaft.
Robert Louis Stevenson

An Rheumatismus und an wahre Liebe glaubt man erst, wenn man davon befallen wird.
Marie von Ebner-Eschenbach

Viele Männer heiraten, um eine bestimmte Frau zu vergessen. Dann laufen sie anderen Frauen nach, um die Frau zu vergessen, die sie geheiratet haben.
Lady Astor

Selig sind die Auserwählten

Selig sind die Auserwählten,
die sich liebten und vermählten;
denn sie tragen hübsche Früchte.
Und so wuchert die Geschichte
sichtbarlich von Ort zu Ort.
Doch die braven Junggesellen,
Jungfern ohne Ehestellen,
welche ohne Leibeserben
so als Blattgewächse sterben,
pflanzen sich durch Knollen fort.
Wilhelm Busch

Die meisten glücklichen Ehen werden seufzend geschlossen, die meisten unglücklichen Ehen im Rausche des Entzückens.
August von Kotzebue

Als Junggeselle ist der Mann ein Pfau, als Bräutigam ein Löwe und als Verheirateter ein Esel.
Aus Spanien

Liebe – sagt man schön und richtig –
ist ein Ding, was äußerst wichtig.
Nicht nur zieht man in Betracht,
was man selber damit macht,
nein, man ist in solchen Sachen
auch gespannt, was andre machen.
Wilhelm Busch

Wer keine Liebe fühlt, muss schmeicheln lernen, sonst kommt er nicht aus.
Johann Wolfgang von Goethe

Wenn die Ehegatten nicht beisammen lebten, würden die guten Ehen häufiger sein.
Friedrich Nietzsche

Auch in der besten Frau steckt noch eine Teufelsrippe.
Aus Rumänien

Die Hochzeit hat die Entführung nur deshalb abgelöst, weil niemand gern auf Geschenke verzichtet.
Mark Twain

Er heiratete sie, weil er sie liebte. Sie liebte ihn, weil er sie heiratete.
Jean Paul

Ein kluger hässlicher Mann hat hin und wieder Erfolg bei den Frauen, aber ein hässlicher Dummkopf ist unwiderstehlich.
William Makepeace Thackeray

Man kann anderen Leuten erklären, warum man seinen Mann geheiratet hat, aber sich selbst kann man es nicht erklären.
George Sand

Um der Schönheit willen heiraten ist ebenso viel, als um der Rose willen ein Landgut kaufen. Ja, das Letztere wäre noch vernünftiger; denn die Rosenzeit kommt doch jährlich wieder.
August von Kotzebue

Wer seine Tochter an einen ungebildeten Menschen verheiratet, der wirft sie gleichsam gebunden einem Löwen vor.
Talmud

Die moderne Frau versteht alles – ausgenommen ihren eigenen Mann.
Oscar Wilde

Den idealen Gatten gibt es nicht. Der ideale Gatte bleibt ledig.
Oscar Wilde

Die Frauen geben wenig auf ein schönes Gesicht; was sie verführt, ist Kraft und Mut. Intellektuelle Eigenschaften üben keinen unmittelbaren Einfluss auf sie. Dummheit ist durchaus kein Hindernis in der Erlangung der Weibergunst.
Arthur Schopenhauer

Ratsam ist und bleibt es immer
für ein junges Frauenzimmer,
einen Mann sich zu erwählen
und womöglich sich vermählen.
Erstens: will es so der Brauch.
Zweitens: will man's selber auch.
Drittens: man bedarf der Leitung
und der männlichen Begleitung;
weil bekanntlich manche Sachen,
welche große Freude machen,
Mädchen nicht allein verstehn;
als da ist: ins Wirtshaus gehen. –

Freilich oft, wenn man auch möchte,
findet sich nicht gleich der Rechte;
und derweil man so allein,
sucht man sonst, sich zu zerstreu'n.

Wilhelm Busch

Die Ausdrücke »Herz verschenken«, »Gunst verschenken«
sind poetische Blümchen. Kein Mädchen schenkt ihr Herz weg;
sie verkauft es entweder für Geld oder Ehre oder vertauscht es
gegen ein anderes, wobei sie Vorteil hat oder doch zu haben
glaubt.

Georg Christoph Lichtenberg

Gleichberechtigung zwischen Mann und Frau ist nur möglich,
wenn sich die Frau unterordnet.

Martial

Willst du durchaus heiraten, nimm einen Narren,
denn gescheite Männer wissen allzu gut,
was ihr für Ungeheuer aus ihnen macht.

William Shakespeare

Unter allen Festen ist das Hochzeitsfest das unschicklichste. Keines sollte mehr in Stille, Demut und Hoffnung begangen werden.

Johann Wolfgang von Goethe

Wer aus Liebe heiratet, hat gute Nächte und üble Tage.

Sprichwort

Liebe und Husten lassen sich nicht verbergen.

Aus Russland

Ein ernstlich Verliebter ist in Gegenwart seiner Geliebten verlegen, ungeschickt und wenig einnehmend.

Immanuel Kant

Sie hat nichts und du desgleichen;
dennoch wollt ihr, wie ich sehe,
zu dem Bund der heil'gen Ehe
euch bereits die Hände reichen.

Kinder, seid ihr denn bei Sinnen?
Überlegt euch das Kapitel!
Ohne die gehör'gen Mittel
soll man keinen Krieg beginnen.

Wilhelm Busch

Wer's aber mit sich selbst gut meint, der nehme ja eine Gattin, die gefällig ist und sanften Herzens – oder lieber keine!

Friedrich von Schiller

Heiraten ist, wenn man die Wahrheit sagen will, ein Übel freilich, aber ein notwendiges.

Menander

Die Männer heiraten, weil sie müde sind, die Frauen, weil sie neugierig sind. Beide werden enttäuscht.

Oscar Wilde

Bevor du in den Krieg gehst, bete einmal! Bevor du zur See gehst, bete zweimal! Bevor du heiratest, bete dreimal!

Aus Russland

Leider haben überhaupt die Heiraten – verzeihen Sie mir einen lebhafteren Ausdruck – etwas Tölpelhaftes; sie verderben die zartesten Verhältnisse.

Johann Wolfgang von Goethe

Heiraten bedeutet, seine Rechte halbieren und seine Pflichten verdoppeln.

Arthur Schopenhauer

Liebe ist eine vorübergehende Geisteskrankheit, die durch Heirat heilbar ist oder dadurch, dass man den Patienten den Einflüssen entzieht, unter denen er von der Krankheit befallen wurde.

Ambrose Bierce

Weisheiten und Ratschläge

Vertrauen ist Mut und Treue ist Kraft.
Marie von Ebner-Eschenbach

Vertragt euch!
Einer sorge für den andern!
Dies schöne Glück, es raubt kein Tyrann;
der beste Fürst vermag es nicht zu geben.
Johann Wolfgang von Goethe

So viel Flocken Schnee,
so viel Ach und Weh,
so viel Tropfen Regen,
so viel Glück und Segen!
Volkstümlich

Ein wenig Hilfe will das Glück gern haben.
Aus Norwegen

Zehn Küsse werden leichter vergessen als ein Kuss.
Jean Paul

Das Glück ist das Einzige, was sich verdoppelt, wenn man es teilt.
Albert Schweitzer

Wer nicht den Verstand seines Alters hat, der hat das ganze
Unglück seines Alters.
Voltaire

An Hochzeiten und Beerdigungen fällt es schwer, richtige
Antworten zu geben.
Aus China

Wer sich am Ehebett sättigt, der genießt's.
Wer bei andern schleckt, der büßt's.
Volksmund

Man wird nie betrogen, man betrügt sich selbst.
Johann Wolfgang von Goethe

Glücklich zu sein, ist auch eine Tugend.
Ludwig Börne

Dem Glücklichen schlägt keine Stunde.
Friedrich von Schiller

Der Mensch muss das Recht suchen und das Glück kommen
lassen.
Johann Heinrich Pestalozzi

Frauen sind da, um geliebt, nicht um verstanden zu werden.
Oscar Wilde

Jeder hat sein eigen Glück unter den Händen, wie der Künstler
eine rohe Materie, die er zu einer Gestalt umbilden will. Aber es
ist mit dieser Kunst wie mit allen: Nur die Fähigkeit dazu wird
uns angeboren; sie will gelernt und sorgfältig ausgeübt sein.
Johann Wolfgang von Goethe

Die Frau, die ihren Mann nicht beeinflussen kann,
ist ein Gänschen. Die Frau, die ihn nicht beeinflussen will –
eine Heilige.

Marie von Ebner-Eschenbach

Willst du ein braves Weib, so sei ein rechter Mann!

Johann Wolfgang von Goethe

Nur selten wird eine Hochzeit gemacht,
dass dabei nicht eine neue erdacht.

Sprichwort

Das Glück wohnt nicht im Besitze und nicht im Golde;
das Glücksgefühl ist in der Seele zu Hause.

Demokrit

Das Glück erkennt man nicht mit dem Kopf,
sondern mit dem Herzen.

Aus Norwegen

Die bösen Frau'n man hüten soll,
die guten hüten selbst sich wohl.

Freidank

Genieße die Gegenwart mit frohem Sinn,
sorglos, was dir die Zukunft bringen werde;
doch nimm auch bitt'ren Kelch mit Lächeln hin –
vollkommen ist kein Glück auf dieser Erde.

Horaz

Mit Mühen und Beschwerden wird man alleine fertig, aber die
Freude muss man teilen.

Henrik Ibsen

Alles, was die Seele durcheinander rüttelt, ist Glück.

Arthur Schnitzler

Das weitaus schönste Glück – das plötzliche.

Sophokles

Hat versalzen dir die Suppe
deine Frau, bezähm die Wut,
sag ihr lächelnd: »Süße Puppe,
alles, was du kochst, ist gut.«

Heinrich Heine

Kindergedichte zur Hochzeit

Dem Ehepaar von diesem Feste
wünschen alle Hochzeitsgäste
Einigkeit und Harmonie
und bitterböse Worte nie!

Zwei Brautleut', so wie du und du,
sind ähnlich fast wie ein Paar Schuh':
Sie haben viel zu wandern
von einem Ort zum ander'n,
verschieden viel zu tragen
in ihren Ehetagen.

Doch wichtig ist dabei,
sie bleiben immer zwei,
denn einer ganz allein
könnt' nie von Nutzen sein.

Liebes Brautpaar, nimm nun hin
meinen Rat in diesem Sinn:
Durchwandert froh zu zweit
die ganze Lebenszeit!

Hereinspaziert, hereinspaziert,
hier wird nach Kräften gratuliert,
und eine Riesenmenschenschar
umringt das traute Hochzeitspaar.
Macht alle mit, kommt näher 'ran
und bringt noch tausend Wünsche an!

Sagt man immer, dass die Würze
bei der Rede liegt in Kürze,
möchte ich unser'm Hochzeitspaar,
froh umringt von großer Schar,
kurz die besten Wünsche sagen:
Seid an allen euren Tagen –
wie's von Herzen ist gemeint –
immer glücklich, treu vereint!

Die einen sagen »toi, toi, toi«,
die andern rufen laut »ahoi«,
und ich, ich sage wohlgemut:
Du liebes Brautpaar, mach es gut!

Hoch geehrte, liebe Leute!
Wenig Worte sag ich heute,
doch sie sind von Herzen mein:
Brautpaar, du sollst glücklich sein!

Ich hab ein Verslein ausgedacht,
das hoffentlich euch Freude macht.
Es sagt nur kurz und klipp und klar:
Viel Glück dem jungen Ehepaar.

Viel Glück und Gottes Segen
auf allen euren Wegen!
Ich wünsch dem Hochzeitspaare
sehr viele schöne Jahre.

Ich bin der Kleinste hier im Kreis,
der noch nicht viel zu sagen weiß,
der aber wünscht dem lieben Paar
das Allerschönste immerdar!

Zu eurer Hochzeit,
dem schönen Fest,
sag ich nur einen Satz:
Habt euch so lieb,
wie es nur geht,
bis euer Herze platzt!

Seid fröhlich und zufrieden immer!
Bei schlechter Laune wird nur schlimmer,
was das Leben von euch verlangt.
Schaut zu, dass ihr euch niemals zankt!

Steh' ich hier als kleiner Mann,
der nicht selber dichten kann.
Hat der Papa nachgedacht,
schnell mir einen Vers gemacht,
und so hört nun, was ich sage:
Glück dem Brautpaar alle Tage!

Ich bin hier noch ein kleiner Wicht,
zu schwer ist mir ein lang' Gedicht,
drum sag ich ohne viel studieren:
Ich will euch herzlich gratulieren!

Der Erste freit um die Dukaten,
der Zweite um ein schön Gesicht.
Der Dritte kann nicht länger warten,
der Vierte, weil Mama so spricht.
Der Fünfte ist nicht gern allein,
der Sechste will doch auch mal frein.
Der Siebente und Achte sind so dumm,
die wissen selber nicht warum.

Hochzeit, Fest- und Freudentag,
schön wie Sonnenschein,
Hochzeit, Fest- und Freudentag
Heut' für Groß und Klein.
Tausend Wünsche, froh im Sinn
und bestimmt für alle Zeiten,
fliegen zu dem Brautpaar hin,
soll'n es stets begleiten!

Ich wünsche euch zum Hochzeitstage
ein langes Leben ohne Plage.
Der liebe Gott schenke euch Glück
Und lenke gnädig euer Geschick.

Zur Hochzeit gratuliere ich
und streue Blumen hin.
Ich bitte euch, denkt immer dran,
von Herzen gut ich bin.

Wenn ich einmal groß bin,
dann mach ich es wie du:
Ich nehm mir eine hübsche Frau
und schau den Kindern zu!

Petersilie, Suppenkraut,
wächst in unserm Garten.
Unser Ännchen ist die Braut,
muss nicht länger warten.
Roter Wein und weißer Wein,
heute soll die Hochzeit sein.

Hochzeitswunsch

Das Liseli sieht freundlich aus,
will morgen Hochzeit machen.
Ein Engel Gottes soll ihr Haus
und ihren Hof bewachen.

Soll ihren guten Mann und sie
ein Leben lang bewachen
und's liebe, fromme Liseli
und ihn recht glücklich machen.

Und soll euch liebe Kinderlein
in Hüll' und Fülle geben,
von Herzen zart und fromm und rein
und hold und schön daneben.

Matthias Claudius

Trinksprüche auf das Brautpaar

Hochzeitswunsch

Seid glücklich hier und dort; seid selig denn gepreist,
ihr die man heute Braut und Bräutigam euch heißt!
Seid morgen Mann und Frau, seid Eltern übers Jahr,
so habt ihr denn erlangt, was zu erlangen war!

Friedrich von Logau

Punschlied

Vier Elemente,
innig gesellt,
bilden das Leben,
bauen die Welt.

Presst der Zitrone
saftigen Stern!
Herb ist des Lebens
innerster Kern.

Jetzt mit des Zuckers
linderndem Saft
zähmet die herbe
brennende Kraft!

Gießet des Wassers
sprudelnden Schwall!
Wasser umfänget
ruhig das All.

Tropfen des Geistes
gießet hinein!
Leben dem Leben
gibt er allein.

Eh' es verdüftet,
schöpfet es schnell!
Nur wenn er glühet,
labet der Quell.

Friedrich von Schiller

Der Hochzeitstag, ich mach' es kurz,
gleicht einem frisch gewagten Sturz
ins Lebensabenteuer.
Ich wünsch', dass eurer Liebe Kraft
mit Leichtigkeit das Wagnis schafft
und jugendlichem Feuer!

Verfasser unbekannt

Rotwein ist für alte Knaben
eine von den besten Gaben.
Wilhelm Busch

Denn meine Meinung ist nicht übertrieben:
Wenn man nicht trinken kann, soll man nicht lieben,
doch sollt ihr Trinker euch nicht besser dünken:
Wenn man nicht lieben kann, soll man nicht trinken.
Johann Wolfgang von Goethe

Genießen heißt fröhlich sein mit sich selbst und den anderen.
Johann Wolfgang von Goethe

Wahrlich, unser Leben währet nur kurz, darum durchmesst seine
Bahnen auf das Fröhlichste.
Euripides

Der Heiterkeit sollen wir, wann immer sie sich einstellt, Tür und
Tor öffnen, denn sie kommt nie zur unrechten Zeit.
Arthur Schopenhauer

Mich deucht, das Größt' bei einem Fest,
ist, wenn man sich's wohl schmecken lässt.
Johann Wolfgang von Goethe

Iss und trink und sei zufrieden.
Lukas 12,19

Essen und Trinken hält Leib und Seele zusammen.
Sprichwort

Für Sorgen sorgt das liebe Leben,
und Sorgenbrecher sind die Reben.
Johann Wolfgang von Goethe

Der Wein ist unter den Getränken das nützlichste, unter
den Arzneien das schmackhafteste, unter den Nahrungsmitteln
das angenehmste.
Plutarch

Dies Glas dem guten Geist!
Friedrich von Schiller

Bekränzt mit Laub den lieben, vollen Becher!
Und trinkt ihn fröhlich leer!
Matthias Claudius

Wer nicht liebt Wein, Weiber und Gesang,
der bleibt ein Narr sein Leben lang.
Martin Luther

Um das Ross des Reiters schweben,
um das Schiff die Sorgen her.
Morgen können wir's nicht mehr,
darum lasst uns heute leben!
Friedrich von Schiller

Für die Toten Wein, für die Lebenden Wasser: Das ist eine
Vorschrift für Fische.
Martin Luther

Man kann, wenn wir es überlegen,
Wein trinken fünf Ursachen wegen:
Einmal um eines Festtages willen,
sodann vorhandenen Durst zu stillen,
desgleichen künftig abzuwehren,
ferner dem guten Wein zu Ehren,
und endlich um jeder Ursache willen.
Friedrich Rückert

Ich will Champagnerwein und recht moussierend soll er sein.
Johann Wolfgang von Goethe

Fisch will schwimmen.
Petronius

Trunken müssen wir alle sein!
Jugend ist Trunkenheit ohne Wein;
Trinkt sich das Alter wieder zu Jugend,
so ist es wundervolle Tugend.
Johann Wolfgang von Goethe

Kein Tropfen geht verloren, von dem, was Weise trinken.
Friedrich von Bodenstedt

Jetzt lasst uns trinken, jetzo mit freiem Fuß den Boden stampfen.
Horaz

Ich mag es gerne leiden, wenn auch der Becher überschäumt.
Friedrich von Schiller

Wohlauf noch getrunken den funkelnden Wein.
Justinus Kerner

Trinkspruch auf das Brautpaar

Ihr seid nun eins, ihr beide,
und wir sind mit euch eins.
Trinkt auf der Freude Dauer
ein Glas des guten Weins!

Und bleibt zu allen Zeiten
einander zugekehrt,
durch Streit und Zwietracht werde
nie euer Bund gestört.
Johann Wolfgang von Goethe

Zum Hochzeitsjubiläum

Die Liebe, wenn sie neu,
braust wie ein junger Wein:
Je mehr sie alt und klar,
je stiller wird sie sein.
Angelus Silesius

Häuslichkeit, du schöner Abendstern!
Du flimmerst nicht eher,
als die brennende Jugendsonne
im Meere der Leidenschaften verlöschte.
Dann scheinst du lieblich in jede Hütte,
wo zwei gute Menschen wohnen.
August von Kotzebue

Hört auf der klugen Frauen Urteil; denn ihnen schenkten
die Götter die Gabe, mancherlei zu schauen, was unserem Auge
entgeht. Sind unsere Blicke auch klarer, so sind sie in die
Weite gerichtet; ihre Blicke aber sind schärfer für das, was im
Umkreis geschieht.

Horaz

Die Liebe kann, wie das Feuer, nicht ohne beständiges
Anfachen bestehen, und sie stirbt, sobald sie zu hoffen oder zu
fürchten aufhört.

François de La Rochefoucauld

So vor fünfundzwanzig Jahren
standet ihr am Traualtar.
Und der Zukunft Tage waren
euch und andern noch nicht klar.

Aber heut im Freundeskreise
schaut ihr zurück auf eure Reise,
für das Ziel, das nicht mehr Schein,
stehen Kind und Enkel ein.

Der Liebe Melodienschatz,
er wechselt wie im Fluge,
die Ehe bleibt im gleichen Satz,
ihr wird die Zeit zur Fuge.

Franz Grillparzer

Ich habe dich – das ist die Fülle.
Ich habe dich – mein Wünschen ruht.

Ferdinand Freilingrath

Wenn wir fehlerfrei wären, würde es uns nicht so viel Vergnügen bereiten, sie an anderen festzustellen.

Horaz

Und war das Band, das euch verbunden,
gefühlvoll, warm und heilig rein,
so lasst die letzte eurer Stunden
wie eure erste heiter sein.

Johann Wolfgang von Goethe

Wer durch den Besitz des Guten glücklich geworden ist, der ist wahrhaft glücklich. Man muss keine weiteren Fragen stellen, warum er glücklich ist.

Plato

Entsinnst du dich der kleinsten Tollheit nicht,
in welche dich die Liebe je gestürzt,
so hast du nicht geliebt.
Und hast du nicht gesessen wie ich jetzt,
den Hörer mit der Liebsten Preis ermüdend
so hast du nicht geliebt.
Und brachst du nicht von der Gesellschaft los,
mit eins, wie jetzt die Leidenschaft mich heißt,
so hast du nicht geliebt.

William Shakespeare

Wenn Leute sich lieben, dann bleiben sie jung füreinander.

Paul Ernst

Das Glück des tätigen Lebens liegt im Wirken der Klugheit, durch die der Mensch sich selbst und andere regiert.

Thomas von Aquin

Die Liebe erscheint als das schnellste, ist jedoch das langsamste aller Gewächse. Weder Mann noch Frau wissen, was vollkommene Liebe ist, ehe sie nicht ein Vierteljahrhundert verheiratet waren.

Mark Twain

Goldmacher sind verrufen schier,
wie wohl ein jeder weiß.
Doch bleiben zwei, die längst erprobt:
die Ehe und der Fleiß.
Der Fleiß macht Gold. Nicht jeder trifft's.
Man plagt sich früh und spat
und dankt zuletzt dem lieben Gott,
wenn man sein Auskomm' hat.
Die Ehe ist viel besser dran,
sie braucht nicht Glück. Nur Zeit:
Nach fünfundzwanzig Jahren ist
sie silbern so wie heut'!
Noch fünfundzwanzig (ihr sollt seh'n,
ich lad' euch freundlich ein),
so wird sie (wie jetzt silbern nur),
so wird sie golden sein!
Wer Lieb und Treu im Herzen trägt
und wem sie Gleiches weiht,
für den ist, wie der Weltsturm braust,
noch heut' die gold'ne Zeit.

Franz Grillparzer

Ich liebe dich, weil ich dich lieben muss;
ich liebe dich, weil ich nicht anders kann;
ich liebe dich nach einem Himmelsschluss;
ich liebe dich durch einen Zauberbann.
Dich lieb ich wie die Rose ihren Strauch;
dich lieb ich wie die Sonne ihren Schein;
dich lieb ich, weil du bist mein Lebenshauch;
dich lieb ich, weil dich lieben ist mein Sein.

Friedrich Rückert

Das ist das höchste Glück:
Alte Liebe kehrt täglich neu zurück;
es bleibt beim Alten –
auch die Worte, die du im Ohr behalten.

Das Glück, kein Reiter wird's erjagen.
Es ist nicht dort, es ist nicht hier;
lern überwinden, lern entsagen,
und ungeahnt erblüht es dir.

Theodor Fontane

Gute Partner werden wie Wein im Alter besser.

Volksmund

Ob zwei Leute gut getan haben, einander zu heiraten, kann man
bei ihrer silbernen Hochzeit noch nicht wissen.

Marie von Ebner-Eschenbach

Und ging auch alles um und um,
in dir, in mir, ich lieb' dich drum,
ich lieb' dich drum, weil du mir bliebst,
ich lieb' dich drum, weil du vergibst,
ich lieb' dich, – ach warum »Warum«?
Und blieb' auch meine Lippe stumm,
ich lieb' dich drum, weil du mich liebst.
Theodor Fontane

Zweifle an der Sonne Klarheit,
zweifle an der Sterne Licht,
zweifl', ob lügen kann die Wahrheit,
nur an meiner Liebe nicht.
William Shakespeare

Es ist wohl ein Glück, wenn man andrer Menschen Gedanken
wiederlieset und fröhlich entdeckt, dass man doch ahnt, was das
Glück bedeutet.
Theodor Fontane

Liebe hat kein Alter.
Blaise Pascal

Liebe ist genauso notwendig wie Brot.
Honoré de Balzac

Wer doch den trüben Wahn erfunden,
dass keine Seele glücklich sei!
Ich war's; ich bin's! in reichen Stunden
von aller kleinen Trübsal frei.
Christian Morgenstern

Es ist ausgemacht, dass Gott die Frauen nur erschaffen hat, um die Männer zu zähmen.

Voltaire

Das Herz der teuren Gattin, das Herz des Gatten ganz sein Eigen nennen zu können, in einem Herzen sich einzig und ohne Ende geliebt zu wissen, ist doch das süßeste Glück der Erde.

Adalbert Stifter

Zum 50. Jubelfest

Zum Sehen geboren,
zum Schauen bestellt,
dem Turme geschworen,
gefällt mir die Welt.
Ich blick' in die Ferne,
ich seh' in der Näh'
den Mond und die Sterne,
den Wald und das Reh.
So seh' ich in allen
die ewige Zier,
und wie mir's gefallen,
gefall' ich auch mir.
Ihr glücklichen Augen,
was je ihr gesehn,
es sei, wie es wolle,
es war doch so schön!

Johann Wolfgang von Goethe

Ehen und Weine haben eines gemeinsam: Die wahre Güte zeigt sich erst nach Jahren.

William Somerset Maugham

Ich weiß nicht, wie ich das früher ausgehalten habe;
sollte ich jetzt leben wie damals, ohne Gott, ohne dich, ohne
die Kinder – ich wüsste doch in der Tat nicht, warum ich
dies Leben nicht ablegen sollte wie ein schmutziges Hemde,
und doch sind die meisten meiner Bekannten so und leben.

Otto von Bismarck an seine Frau

5. KAPITEL

Für Nachwuchspoeten und Hobbydichter: Kleine Reimschule

Im vorhergehenden Kapitel haben Sie eine ganze Menge klassischer Gedichte und Verse gefunden, die Sie bei einer Hochzeitsfeier rezitieren oder auf eine Glückwunschkarte schreiben können. Doch vielleicht schlummert auch in Ihnen ein bisher unentdecktes literarisches Talent. Ein selbst erdachtes Gedicht ist schließlich eine sehr persönliche Aufmerksamkeit! Alle, die sich einmal als Nachwuchspoeten versuchen wollen, bekommen in diesem Kapitel ein paar Tipps und Anregungen.

Auf die Idee kommt's an!

Wie bei einer selbst verfassten Rede brauchen Sie auch beim Dichten zuallererst eine Grundidee: Wollen Sie ein persönliches Gedicht auf das Brautpaar schreiben, einen Toast in Reimform formulieren oder sich lieber allgemein mit der Materie Liebe beschäftigen? Steht Ihr Thema erst einmal fest, ist zunächst ein Brainstorming angesagt: Notieren Sie alle Begriffe, die Ihnen dazu einfallen und schreiben Sie daneben auch gleich alle Wörter, die sich auf diese Begriffe reimen – auch wenn es Ihrer Meinung nach schlechte Reime sind. Bei dieser schwierigen Aufgabe kann Ihnen ein Reimlexikon helfen, damit Sie nicht zum millionsten Mal »Schmerz« auf »Herz« oder »Liebe« auf »Triebe« reimen.

Über den Ton Ihres Gedichtes sollten Sie sich ebenfalls bereits im Vorfeld einige Gedanken machen. Soll es eher feierlich oder lieber ein wenig lustig sein?

Wie bei einer Rede ist auch hier der nächste Schritt das Ordnen und Gliedern der Ideen und Reime. Gehen Sie dabei ruhig spielerisch vor, experimentieren Sie mit der Sprache und drehen die Worte so lange herum, bis Sie Ihnen gefallen. Reime gehen nämlich nicht selten auf Sprachspiele zurück. Denken Sie nur einmal nach, welche Reime Sie noch im Gedächtnis haben: Sind da nicht in erster Linie Abzählverse aus der Kindheit dabei?

»Ene, mene, miste,
es rappelt in der Kiste,
ene, mene, mu –
und raus bist du!«

Ob in Ihrem Gedicht unsinnige Worte wie »ene, mene, miste« vorkommen, spielt überhaupt keine Rolle. Es ist ein weit verbreiteter Irrtum, zu glauben, dass die Sprache eines Gedichts gehoben sein muss und nicht mit der Alltagssprache identisch sein darf. Doch bevor Sie Ihre Verse nun mit silbernem Mondenschein und dem Gesang der Nachtigallen voll packen, bedenken Sie: Die meisten Gedichte, die wir aus der Schulzeit noch kennen, sind über zweihundert Jahre alt – kein Wunder, dass uns die Sprache etwas altmodisch vorkommt. Ein modernes Gedicht bedarf keiner besonderen Sprache, benützen Sie einfach die Wörter, die Sie im Alltag auch verwenden! Wenn Sie möchten, können Sie – wie im Kapitel »So werden Sie ein guter Redner« besprochen – noch ein paar Stilfiguren wie Bilder oder Vergleiche einbauen, sodass Ihr poetisches Werk ein wenig literarischer wirkt. Bei einem gelungenen Gedicht kommt es jedoch hauptsächlich auf zweierlei Dinge an: Rhythmus und Reimschema.

Der Rhythmus

Bei dem Wort Rhythmus werden Sie wohl in erster Linie an ein Musikstück denken, das in die Beine geht und zu dem man richtig gut tanzen kann. Tatsächlich bedeutet dieser aus der griechischen Sprache stammende Begriff ursprünglich nichts anderes als Bewegung, und genau diese Bewegung müssen Sie nun auch in Ihr Gedicht bringen. In Versen entsteht Rhythmus durch einen regelmäßigen Wechsel von betonten und unbetonten Silben.

Vielleicht mussten Sie ja in Ihrer Schulzeit auch ab und zu noch Gedichte auswendig lernen und vor der Klasse aufsagen. Bestimmt erinnern Sie sich dann auch noch daran, wie diese oft heruntergeleiert wurden: »Ta ta, ta ta, ta ta, ta ta«, ging es dann, immer schön abwechselnd eine betonte und eine unbetonte Silbe. Wenn Sie heute ein Gedicht aufsagen, sollten Sie die Betonung nicht ganz so auffällig machen – es sei denn, Sie wollen die Hochzeitsgesellschaft wieder in ihre Grundschulzeit zurückversetzen! Warum ich dieses Beispiel dann überhaupt aufgeführt habe? Dieser übertriebene Rhythmus ist ein schönes Beispiel für einen bestimmten Versfuß, der in der Dichtung immer wieder auftaucht: Man nennt ihn Jambus, einen zweisilbigen Versfuß, bei dem immer die zweite Silbe betont wird. In den folgenden Beispielen sollen diese zwei Zeichen das Verständnis erleichtern: x bedeutet betonte Silbe, – heißt unbetonte Silbe.

Beispiel für einen Jambus

O glücklich, wer ein Herz gefunden,

– x – x – x – x –

das nur in Liebe denkt und sinnt.

– x – x – x – x

August Heinrich Hoffmann von Fallersleben

Der umgekehrte Fall – ein zweisilbiger Versfuß, bei dem immer die erste Silbe betont wird – heißt Trochäus und ist in der Dichtung ebenso verbreitet.

Beispiel für einen Trochäus

Aus den Wolken muss es fallen,

x – x – x – x –

aus der Götter Schoß das Glück,

x – x – x – x

und der mächtigste von allen

x – x – x – x –

Herrschern ist der Augenblick.

x – x – x – x

Friedrich von Schiller

Außerdem gibt es auch noch dreisilbige Versfüße, die jedoch für Hobbydichter nicht ganz einfach nachzuahmen sind: Beim Anapäst folgt eine betonte Silbe auf zwei unbetonte Silben, der Daktylus beginnt mit einer betonten Silbe, danach kommen zwei unbetonte Silben.

Beispiel für einen Anapäst

Flieg, Gedanke, getragen von Sehnsucht

– – x – – x – – x –

aus Giuseppe Verdis »Nabucco«

Beispiel für einen Daktylus

Ännchen von Tharau ist's, die mir gefällt

x – – x – – x – – x

Volkslied

Neben diesen gebräuchlichen Versfüßen gibt es noch weitere, zum Beispiel den Spondeus, der hauptsächlich in der Antike verwendet wurde und aus zwei betonten Silben (x x) besteht, oder den Kretikus (x – x), bei dem eine unbetonte zwischen zwei betonten Silben steht.

Doch vermutlich werden Sie als Hobbydichter, der einen Vers für eine Hochzeit schmiedet, nicht gleich zu solchen poetischen Höhenflügen aufbrechen wollen. Fürs Erste genügt folgende Faustregel: Ein Gedicht braucht einen Rhythmus, der sich aus dem regelmäßigen Wechsel von betonten und unbetonten Silben ergibt.

Tipp: Am besten klingt ein Vers, wenn er zwischen drei und fünf betonte Silben in einer Zeile aufweist.

Ein Satz oder eine Sinn stiftende Einheit muss übrigens nicht mit dem Ende einer Zeile oder einer Strophe abschließen, wie das Beispiel von Schiller zum Trochäus zeigt. Wenn ein Satz über das Ende einer Zeile oder Strophe hinausgeht und in der nächsten Zeile fortgeführt wird, so nennt man das in der literaturwissenschaftlichen Fachsprache »Enjambement« (frz. für »Hinüberschreiten«).

Das Reimschema

Natürlich muss sich ein Gedicht nicht immer reimen, doch gerade bei einer Hochzeitsfeier kommt ein gut gereimtes, spritziges Gedicht immer gut an. So lässt es sich auch besser rezitieren.

Die bekannteste Gedichtform ist der Vierzeiler, und mit diesem wollen wir uns hier beschäftigen. Die häufigste Form des Reims ist in diesem Fall der Endreim, das heißt, die Wörter an den Enden der Zeilen reimen sich. Verschiedene Reimschemata, die meist durch Kleinbuchstaben dargestellt werden, geben an, welche Zeilen sich jeweils aufeinander reimen.

Eine erste Möglichkeit ist der Paarreim, das heißt, immer zwei aufeinander folgende Zeilen reimen sich:

(a) Liebe, die von Herzen liebt,
(a) ist am reichsten, wenn sie gibt;
(b) Liebe, die von Opfern spricht,
(b) ist schon rechte Liebe nicht.

Emanuel Geibel

Eine zweite Variante ist der Kreuzreim, also das Reimschema a b a b. Hier reimen sich die erste und die dritte Zeile sowie die zweite und die vierte:

(a) Begrüße jeden Morgen,
(b) den dir der Herrgott gibt.
(a) Es ist so schön zu sorgen
(b) für Menschen, die man liebt.

Marie von Ebner-Eschenbach

Nicht ganz so häufig zu finden ist der umarmende Reim, der nach dem Schema a b b a abläuft:

(a) Sie hat nichts und du desgleichen;
(b) dennoch wollt ihr, wie ich sehe,
(b) zu dem Bund der heil'gen Ehe
(a) euch bereits die Hände reichen.

Wilhelm Busch

Ein Fünfzeiler dagegen reimt sich häufig nach dem Muster a b a b a, ein Sechszeiler führt gerne noch einen dritten Reim ein: a b a b c c.

Reine und unreine Reime

»Was sich reimt, ist gut!« – das wusste schon der Pumuckl, doch was reimt sich nun eigentlich? Und ist auch wirklich jeder Reim »gut«? Unter einem Reim versteht man den Gleichklang zweier Wörter vom letzten betonten Vokal an, also zum Beispiel dichten/richten, Herz/Schmerz, Dinge/Ringe oder Kuss/muss. Solche

Reime klingen schön und passen zueinander, man nennt sie daher auch reine Reime. Übrigens: Die Reimwörter müssen hier nicht einmal gleich geschrieben werden, blättern Sie bitte noch einmal kurz zurück: Im Vierzeiler von Marie von Ebner-Eschenbach reimt sich »gibt« auf »liebt«: eine unterschiedliche Schreibweise, aber die gleiche Aussprache!

Leider ist es nicht immer ganz einfach, einen reinen Reim zu finden. Manchmal passen die Reimwörter von der Schreibung oder der Betonung her nicht ganz zusammen, sind jedoch insgesamt noch akzeptabel, wenn das Gedicht laut gesprochen wird: Beispiele hierfür sind Reime wie gleiten/läuten, Glück/Augenblick, lieben/drüben oder zwei/treu. Solche Reime nennt man in der Fachsprache unreine Reime. Die angeführten Beispiele stammen übrigens alle aus Gedichten aus dem Kapitel »Die besten Verse und Gedichte« – der beste Beweis, dass auch Goethe & Co. nicht immer perfekt waren!

Tipp: Ob ein Reim noch rein ist oder nicht, können Sie nicht beurteilen, wenn Sie das Gedicht nur auf dem Papier sehen. Lesen Sie es laut vor – nur so werden Sie hören, ob es noch gut klingt.

Wie schwer es ist, einen passenden Reim zu finden, weiß jeder Dichter. Christian Morgenstern schrieb darüber sogar ein Gedicht, das genau diese Problematik thematisiert:

Ein Wiesel
saß auf einem Kiesel
inmitten Bachgeriesel.
Wisst ihr weshalb?
Das Mondkalb
verriet es mir
im Stillen:
Das raffinierte Tier
tat's um des Reimes willen.

Also, nur keine Hemmungen! Niemand wird ein vollkommenes Gedicht von Ihnen erwarten, lassen Sie beim Reimen also ruhig

Ihre Fantasie spielen! Und falls Sie über der hohen Dichtkunst verzweifeln sollten, so kann Sie vielleicht der folgende Vers von Wilhelm Busch trösten:

»Gedanken sind nicht stets parat,
man schreibt auch, wenn man keine hat!«

Nonsensverse

Viel Gelächter werden Sie erzielen, wenn Sie Ihr Hochzeitsgedicht in der Form eines Limericks vortragen. Bestimmt erinnern Sie sich noch an das folgende Beispiel aus dem Englischunterricht:

There was a young lady from Riga,
who smiled as she rode on a tiger.
They came back from the ride
with the lady inside
and a smile on the face of the tiger.

Wenn Sie sich selbst an einem Limerick versuchen wollen, brauchen Sie folgende »Zutaten«:

1. eine handelnde Person (in unserem Fall natürlich Braut oder Bräutigam),
2. eine Stadt oder eine Region, zu der sich viele Reimwörter finden lassen (schön, wenn die Braut aus Essen, Wangen oder Siegen kommt, bei Augsburg oder Stuttgart sieht es dagegen nicht so gut aus),
3. eine Pointe, auf die Sie den Limerick hinführen wollen.

Und schon haben Sie einen Vers wie diesen (zugegeben etwas holprigen) Limerick:

Es war eine junge Dame aus Essen,
die war aufs Heiraten ganz versessen,
doch vor lauter Streit
um das passende Kleid
hätt' sie fast ihren Bräutigam vergessen.

Auch mit Schüttelreimen kann man die Stimmung heben: Hier werden zwei Konsonanten eines Wortes vertauscht, sodass sich eine lustige, neue Bedeutung ergibt.

Beispiel für einen Schüttelreim

Es klapperten die Klapperschlangen,

bis ihre Klappern schlapper klangen.

Nachdichten und Parodieren

Wer sich nicht selbst mit Dingen wie dem richtigen Rhythmus abmühen will, kann auch auf ein bereits vorhandenes Gerüst zurückgreifen: Dichten Sie beispielsweise einen bekannten Schlagertext um und schneiden ihn individuell auf das Brautpaar zu. Oder Sie legen Ihrem Gedicht eine berühmte Melodie zugrunde und singen Ihren Glückwunsch aus vollem Hals heraus.

Dazu müssen Sie erst einmal den Rhythmus und das Reimschema des Schlagers analysieren und sich dann über den Inhalt Ihres Liedes klar werden. Können Sie Textelemente des Originals (zum Beispiel den Anfang) aufgreifen? Welchen Teil des Inhalts wollen Sie in welcher Strophe unterbringen? Lassen Sie hier Ihrem dichterischen Talent freien Lauf!

6. KAPITEL

Tipps zur Gestaltung von Glückwunschkarten

Seine individuelle Note erhält eine Glückwunschkarte durch einen Spruch oder ein Gedicht, das Sie eigens für das Brautpaar ausgewählt oder verfasst haben. Eine Zusammenstellung von Versen, Gedichten und Aphorismen, mit denen Sie zur Eheschließung gratulieren können, bietet das 4. Kapitel. Doch wie können Sie eine Glückwunschkarte darüber hinaus noch persönlich gestalten? In diesem Kapitel erhalten Sie dafür ein paar Tipps und Anregungen.

Die passende Karte

An einer passenden Karte dürfte es nicht fehlen, denn die Glückwunschkartenindustrie wartet mit den unterschiedlichsten Varianten auf: Da gibt es seriöse Karten, die den feierlichen Charakter einer Hochzeit betonen, aber auch witzige oder sogar ein wenig boshafte, die das Brautpaar zum Schmunzeln bringen sollen. Beim Aufklappen ertönt dann der Hochzeitsmarsch oder ein sorgfältig eingearbeitetes Motiv entfaltet sich. Grundsätzlich dürfen Sie natürlich die Karte aussuchen, die Ihnen am besten gefällt. Mit witzigen Karten sollten Sie jedoch ein wenig vorsichtig sein und nur darauf zurückgreifen, wenn Sie das Brautpaar sehr gut kennen und wissen, dass es darüber auch herzhaft lachen kann. Sonst könnten Sie nämlich in peinliche Fettnäpfchen treten, falls sich Ihre Karte etwa über Schwiegermütter lustig macht, die Mutter der Braut aber erst vor kurzem verstorben ist … Kennen Sie das Brautpaar nicht allzu gut, sollten Sie daher lieber eine neutrale Karte wählen.

Aber wer sagt eigentlich, dass Sie Ihre Glückwunschkarte kaufen müssen? Investieren Sie ein bisschen Zeit, entwerfen und gestalten Sie sie selbst. Im Buchhandel finden Sie eine Vielzahl von Büchern, die sich mit diesem Thema beschäftigen und deren Vorschläge Sie auch ohne das künstlerische Talent eines Picasso verwirklichen können. Originell ist zum Beispiel eine Collage aus verschiedenen Zeitungsüberschriften oder Wörtern, die sich alle mit den Themen Liebe, Ehe oder Hochzeit beschäftigen. Oder Sie legen Ihre Glückwünsche gleich Prominenten und Adeligen (ebenfalls aus der Zeitung) per Collage in den Mund. Sie könnten sich auch ein Filmplakat von »Titanic« besorgen und Leonardo DiCaprio sowie Kate Winslet durch Fotos des Brautpaares ersetzen. Lassen Sie Ihre Fantasie spielen! Je besser Sie das glückliche Paar kennen, umso leichter wird es Ihnen fallen, eine persönliche Karte zu basteln!

Handschriftlich, Schreibmaschine oder Computer?

Die modernen Grafikprogramme eines PC oder Macintosh erlauben es uns auch, Glückwunschkarten selbst am Computer zu designen. Der Fachhandel bietet zahlreiche CD-ROMs dafür an. Grundsätzlich spricht überhaupt nichts dagegen, eine individuelle Glückwunschkarte am PC zu entwerfen und zu gestalten. Verwenden Sie beim Ausdrucken dann aber kein handelsübliches, dünnes weißes Papier, sondern greifen Sie lieber auf etwas edleres und dickeres zurück, falls Ihr Drucker es erlaubt. Ihre Karte ist dann nur noch von Experten als selbst gemacht zu erkennen!

In einem Punkt sollten Sie jedoch auf den Computer – und auch auf die Schreibmaschine – verzichten: bei der Inschrift! Schreiben Sie die Glückwünsche, das Gedicht oder den Vers immer per Hand auf die Karte, denn nur so bekommt sie wirklich eine ganz persönliche Note. Wer eine unleserliche Handschrift hat, sollte sich wenigstens für diesen Anlass etwas Mühe geben.

Der Stil macht's!

Eigentlich ist es doch gar nicht so schwer, ein paar passende Worte zu Papier zu bringen. Das dachten Sie zumindest am Anfang, doch spätestens wenn sich die zerknüllten Blätter auf Ihrem Schreibtisch zu häufen beginnen, werden Sie Ihre Meinung geändert haben. Auch bei einer einfachen Glückwunschkarte ist es wichtig, den richtigen Ton zu treffen. Hier spielt wiederum Ihre Beziehung zum Brautpaar die entscheidende Rolle. Je besser Sie die künftigen Eheleute kennen, umso persönlicher und origineller können Sie Ihre Glückwünsche formulieren. Kennen Sie das Paar dagegen nicht besonders gut, sollten Sie lieber sachlich bleiben, denn gerade bei humorvollen oder ironischen Versen besteht die Gefahr, dass sie missverstanden werden könnten. Und verärgern wollen Sie die frisch Vermählten an ihrem großen Tag doch ganz bestimmt nicht!

Und noch etwas: In unserem Wortschatz schleppen wir eine ganze Menge unnützen Ballast herum, den wir zwar irgendwie als guten Stil betrachten, der in Wirklichkeit jedoch nur eines ist: überflüssig! Die Rede ist von Wörtern wie »diesbezüglich«, »angesichts«, »anlässlich« oder »Bezug nehmend«. Nichts wie raus damit! Niemand muss schreiben »Anlässlich eurer Hochzeit möchte ich euch herzlich gratulieren«. »Herzlichen Glückwunsch zu eurer Hochzeit« ist viel unkomplizierter und sagt genau das Gleiche aus!

Wie Sie Ihre Glückwünsche auch ausdrücken, eines muss das Brautpaar aus Ihrer Karte erkennen können: dass Sie ihm tatsächlich gratulieren und viel Glück wünschen. Wenn Sie sich die Gedichte und Verse im 4. Kapitel angesehen haben, werden Sie festgestellt haben, dass Worte wie »Alles Gute« oder »Herzlichen Glückwunsch« dort nicht vorkommen. Es reicht also nicht, wenn Sie lediglich einen Vers auf Ihre Karte schreiben, Sie müssen ihn noch ein wenig ergänzen. Am einfachsten geht dies, wenn Sie ein »Herzlichen Glückwunsch zu eurer Hochzeit« oder ein »Alles Gute auf eurem gemeinsamen Lebensweg« darunter setzen. Sie können aber auch die Aussage des gewählten Verses oder Spruchs noch einmal aufgreifen, zum Beispiel nach folgendem Muster:

Formulierungshilfen für Glückwunschkarten

Wer Schwierigkeiten hat, die richtige Formulierung für seine Glückwunschkarte zu finden, kann folgende Tabelle zu Hilfe nehmen:

Wünschen Sie:	eine glückliche, günstige, rosige, sonnige, das Allerbeste für die Zukunft alles, alles erdenklich, von Herzen alles Gute
Schicken Sie:	herzliche, beste Glückwünsche gute, die besten, die allerbesten Wünsche für die Zukunft
Gratulieren Sie:	herzlich, von ganzem Herzen

Die richtige Anschrift

Senden Sie Ihre Glückwünsche per Post, so achten Sie unbedingt auf eine korrekte Anschrift. Es ist schon erstaunlich, wie viel Fantasie die oft gescholtenen Postbeamten mitbringen müssen, wenn es darum geht, unvollständig adressierte (womöglich noch mit alter vierstelliger Postleitzahl versehene) Briefe und Karten zuzustellen. Bei einer Hochzeit sollten Sie sich vor allem informieren, ob sich das frisch gebackene Ehepaar für einen gemeinsamen Familiennamen entschieden hat oder ob jeder Partner seinen ursprünglichen Namen behält. Es ist nämlich sehr peinlich, wenn Sie das Paar als »Petra und Klaus Fischer« (also mit dem Namen des Ehemanns) ansprechen, sich die beiden aber für den Namen der Ehefrau entschieden haben und daher »Petra und Klaus Wagner« heißen.

7. KAPITEL

Es muss nicht immer eine Karte sein: Originelle Glückwunschideen

Eine Karte verschicken kann jeder (zumindest wenn er dieses Buch gelesen hat), mögen Sie sich denken. Doch wer sich wirklich von der Masse der Gratulanten abheben möchte, kann seine Glückwünsche auch auf originellere Weise übermitteln. Allerdings ist dazu etwas mehr Zeit (und manchmal auch ein wenig Geld) nötig. Ein paar Tipps und Anregungen, wie Sie eine einfallsreiche Alternative zu einer einfachen Glückwunschkarte finden können, erhalten Sie in diesem Kapitel.

Litfasssäule oder Plakatwand

Steht vor der Wohnung des Brautpaares oder vor dem Standesamt vielleicht eine Litfasssäule oder eine Plakatwand? Dann erkundigen Sie sich bei der Stadt- oder Gemeindeverwaltung, ob Sie diese für den Hochzeitstag mieten (meist für etwa eine Woche) können. Bringen Sie dann dort ein Glückwunschplakat mit einem Gedicht oder Spruch, einem Foto des Brautpaares und Ihren persönlichen guten Wünschen an. Die Brautleute werden bestimmt große Augen machen, wenn sie am Morgen der Hochzeit ihre Wohnung verlassen oder das Standesamt betreten!

Fesselballon oder Fallschirmspringer

Findet die Hochzeitsfeier im Freien statt? Dann fragen Sie bei einem Ballonfahrer- oder Fallschirmspringerklub nach, ob Sie

Ihre Glückwünsche einschweben lassen können. Sie müssen dabei nicht selber in die Luft gehen, sondern können einen erfahrenen Fallschirmspringer oder Ballonfahrer zum Glücksboten machen. Erkundigen Sie sich vorher, ob es auch genügend Platz zum Landen gibt, sodass der Fallschirmspringer nicht in die Hochzeitstorte plumpst.

Die persönliche CD

Wenn Sie das Brautpaar und seinen Musikgeschmack gut kennen, so bietet sich eine persönliche CD als Glückwunschkarte inklusive Geschenk an. Sprechen Sie am Anfang der Aufnahme Ihre persönliche Glücksbotschaft und brennen Sie auf die restliche CD dann die Lieblingslieder des Paares. Dazu gehören auch Lieder, die zu der Zeit aktuell waren, als die Brautleute sich kennen und lieben gelernt haben. Oft gibt es ja auch ein ganz persönliches Lied, bei dem es dereinst gefunkt hat. Das darf bei dieser Aufnahme dann natürlich nicht fehlen. Das Cover der CD können Sie ebenso individuell gestalten, zum Beispiel mit einem Foto des Paares, Gedichten oder Aphorismen und mit Ihren Wünschen für eine glückliche Zukunft versehen.

Die Kettenkassette

Hier ist etwas detektivische Arbeit gefragt: Finden Sie heraus, wer alles zur Hochzeit eingeladen ist. Sprechen Sie dann Ihre persönliche Gratulation auf eine Kassette. Diese schicken Sie dann der Reihe nach an die anderen Hochzeitsgäste (Gäste, die im selben Ort wohnen wie Sie, können Sie natürlich auch besuchen) und bitten sie, ebenfalls ihre Glückwünsche auf die Kassette aufzuzeichnen. Am Ende sind dann alle Gäste mit ihren guten Wünschen auf der Kassette verewigt. Dann können Sie dem Brautpaar entweder die Kassette schenken oder das Ganze noch einmal auf CD brennen. Allerdings sollten Sie mit einer solchen »Kettenkassette«

frühzeitig beginnen, denn Sie müssen damit rechnen, dass Sie manche Gäste nicht sofort erreichen oder dass das Band bei jemandem etwas länger liegen bleibt.

99 Luftballons

Ein beliebter Hochzeitsnachtscherz ist, das Schlafzimmer des frisch vermählten Paares mit unzähligen Luftballons zu füllen. Doch die Ballons können auch schon etwas früher zum Einsatz kommen: Besorgen Sie sich eine ganze Menge Luftballons und kleben Sie auf jeden Ballon einen Buchstaben auf, sodass die Ballons zusammen »Herzlichen Glückwunsch« oder »Alles Gute, Petra und Klaus« ergeben. Diese Ballons lassen Sie dann während des Gottesdienstes von einem willigen Helfer vor der Kirche befestigen, vielleicht an Bäumen und Sträuchern, an einem Geländer o. Ä. Bestellen Sie auch einen Aufpasser, der Acht gibt, dass die Ballons nicht durch Vögel, Katzen oder Kinder beschädigt oder geklaut werden. Denn sonst war Ihre Mühe umsonst – und Sie haben sich doch schon so auf die überraschten Augen der frisch gebackenen Eheleute gefreut.

Die Spielregeln für Liebe und Erfolg

»Diese Bücher sind Paradebeispiele für inspiriertes Schreiben: klug, allgemeingültig und tief empfunden.«

Publishers Weekly

Chérie Carter-Scott
Wenn die Liebe ein Spiel ist, sind dies die Regeln
19/821

Chérie Carter-Scott
Wenn Erfolg ein Spiel ist, sind dies die Regeln
40/431

19/821

HEYNE BÜCHER

Paul Wilson

Der Mann,
der das Gegenmittel
zu Stress gefunden hat:
Gelassenheit

40/505

HEYNE-TASCHENBÜCHER